SIN VERGÜENZA

PAULYNA ARDILLA

SIN

VERGÜENZA

UNA GUÍA PARA MUJERES
QUE GOZAN SU CUERPITO CHULO

 Planeta

ESTE LIBRO VA DEDICADO A TODAS LAS PERSONAS, MUJERES, AMIGUES QUE ALGUNA VEZ SE SINTIERON MAL POR PREGUNTAR O QUERER DISFRUTAR DE SU SEXUALIDAD. ESPERO QUE CON ESTE LIBRO SIENTAS LA LIBERTAD DE PREGUNTAR SOBRE TU CUERPX, DE DISFRUTARLO, CUIDARLO Y MANOSEARLO.

QUE ESTE SEA UN RECORDATORIO DE QUE TU CUERPX ES TUYO Y DE NADIE MÁS; QUE TU PLACER TAMBIÉN ES TUYO Y ESTÁS EN TODA LA LIBERTAD Y EL DERECHO DE QUERERTE Y DISFRUTARTE. ESTAS PÁGINAS FUERON ESCRITAS CON MUCHO AMOR PARA QUE NUNCA MÁS TE SIENTAS MAL POR QUERER SER LIBRE Y EXPRESARTE.

ÍNDICE

INTRODUCCIÓN

~~¡NO TE TOQUES AHÍ!~~
~~¡ESO NO SE HACE!~~
~~¡PERO QUE NO SE NOTE QUE SON MIS TOALLAS PARA EL PERIODO!~~

Si estas frases fueron parte de tu educación sexual, entonces ¡bienvenido sea ser una sinvergüenza! Adiós a la culpa, a los secretos y al silencio que calló nuestras dudas y nuestro placer.

Este es un libro para hablar de goce, masturbación y todos esos temas que han sido tabú durante años. Si como a mí estas frases te resultan familiares, te invito a que te liberes de la culpa y la vergüenza que pudiste haber sentido alrededor de tu cuerpx y tu sexualidad. Que empiece lo bueno. ;)

UN POQUITO SOBRE MÍ:

CRECÍ CREYENDO QUE LA MASTURBACIÓN ERA ALGO MALO, QUE LAS MUJERES NO LO HACÍAN. NO SABÍA CUÁLES ERAN LAS PARTES DE MI VULVA, CÓMO FUNCIONABA MI CUERPX, CREÍ QUE EL SEXO ERA COMO EL PORNO, QUE MIS DESEOS Y PLACER NO ERAN VÁLIDOS.

FUI UNA PERSONA «PRECOZ»: MI PERIODO EMPEZÓ CUANDO TENÍA ALREDEDOR DE 9 AÑOS Y FUE ALGO QUE ME SACÓ DE ONDA. ME TOMÓ DESPREVENIDA, NO ME HABÍAN DICHO NADA SOBRE LA MENSTRUACIÓN Y CUANDO LLEGÓ ME SENTÍ SOLA, PUES NO TENÍA A NADIE CON QUIÉN HABLAR.

Buenas o malas, esta experiencia y las que le siguieron en torno al tabú del sexo despertaron una curiosidad que me hizo empezar a investigar por mi cuenta. Además, siempre he disfrutado dibujar. En algún punto empecé a ilustrar todos estos temas con el objetivo de acercarme a otras mujeres como yo y promover la autoexploración, animarnos a hablar sobre nuestras opciones durante la menstruación, divulgar información sobre métodos anticonceptivos, contar cómo se siente un orgasmo, informar por qué es importante ir al ginecólogx, compartir formas de manosearnos o cómo encontrar nuestro clítoris.

QUIZÁ ALGO DE LO QUE HE DICHO TAMBIÉN RESUENA EN TI. Quizá descubriste en tu cuerpx la capacidad de disfrutar cuando aún eras muy pequeñx y te dijeron que no lo hicieras (o te regañaron) igual que a mí. O tal vez la vergüenza detrás del placer era tal que tocarte ni siquiera era una opción. O a lo mejor resultó que no lo disfrutabas y eso también se vale. Solo sé que me hubiera gustado saber que lo que yo quiero y le gusta a mi cuerpx no debía traerme culpa, vergüenza o dudas. Que **mi cuerpo es mío y que mi placer solo me concierne a mí y con quien yo decida compartirlo.**

Por eso aquí hablaré sobre masturbación, infecciones vaginales, cáncer de mama y sexo. Porque, aunque la sexualidad es uno de los temas más íntimos e individuales que hay, las dudas que tenemos también se pueden compartir con otrxs para informarnos. ¡Ya basta de pensar que las cosas deben ser como en el porno! Hay tantas maneras de disfrutarte... y tu forma de gozar el placer seguirá ampliándose conforme te aceptes, quieras y cuides.

Me hubiera gustado haber leído un libro así, al que pudiera acudir, sin miedo y con dudas, a encontrar respuestas y posibilidades, que me explicaran con amor y sin prejuicios.

MUCHAS GRACIAS POR LEERME, CUESTIONARTE Y
EXPLORARTE CON AMOR Y CARIÑO.

— *PAULYNA ARDILLA*

UNA NOTA SOBRE EL LIBRO:
Notarás que hablo principalmente en femenino y con algunas referencias neutras (por ejemplo, al/a la ginecólogx); esto es una forma de economizar el lenguaje. Sin embargo, este libro está dirigido a personas con vulva, independientemente de si se identifican como mujeres o no, así como a cualquiera que le interese ampliar sus conocimientos sobre la educación sexual.

CONOCE
TU VULVA
CHULA

¡TODAS LAS VULVAS SON
ÚNICAS Y DIFERENTES!

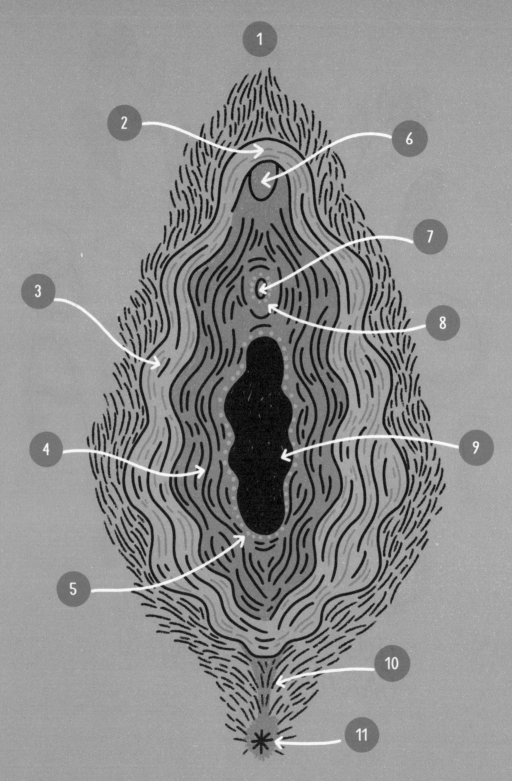

1. MONTE DE VENUS
2. CAPUCHÓN DEL CLÍTORIS
3. LABIOS EXTERNOS
4. LABIOS INTERNOS
5. GLÁNDULAS DE BARTOLINO
6. GLANDE DEL CLÍTORIS
7. ORIFICIO URETRAL
8. GLÁNDULAS DE SKENE
9. VAGINA
10. PERINEO
11. ANO (CULITO)

PARTES DE LA VULVA

¡HOLI WEE!

¿ALGUNA VEZ TOMASTE UN ESPEJO, ABRISTE TUS PIERNAS Y LE ECHASTE UN OJO A TU VULVA PARA SABER CÓMO ES? ¿SÍ? ¿NO?

ACÁ UNA EXPLICACIÓN DE CADA UNA DE SUS PARTES:

1 CAPUCHÓN DEL CLÍTORIS

Está formado por los dos labios internos, se encarga de proteger el glande del clítoris. A veces lo cubre totalmente y otras veces es apenas visible.

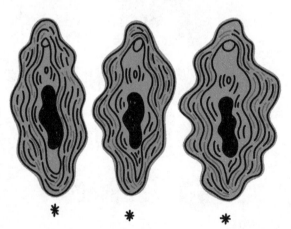

2 CLÍTORIS

Es el órgano sexual femenino situado en el interior de la vagina; solo el glande es visible en la parte superior de la vulva. Internamente se extiende por los labios externos; también abarca el perineo y rodea una parte de la vagina. **Mide en promedio de diez a 13 centímetros.**

14

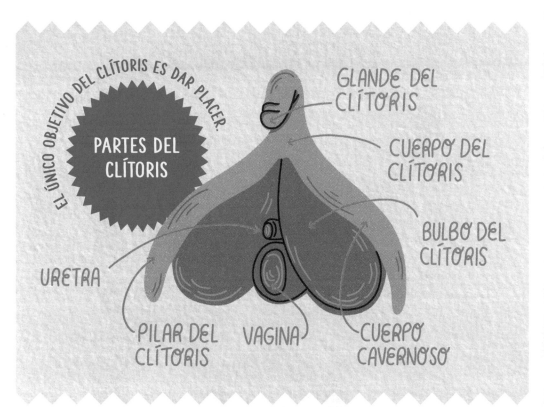

PARTES DEL CLÍTORIS

EL ÚNICO OBJETIVO DEL CLÍTORIS ES DAR PLACER.

GLANDE DEL CLÍTORIS

CUERPO DEL CLÍTORIS

BULBO DEL CLÍTORIS

URETRA

PILAR DEL CLÍTORIS

VAGINA

CUERPO CAVERNOSO

El glande tiene más de ocho mil terminaciones nerviosas. Su estimulación correcta, o sea, como a ti te gusta, lleva al orgasmo. Es fácil sentir su erección: al ser estimulado se hincha, se llena de sangre y es más sensible al tacto.

¿Ya lo manoseaste? Recuerda que tu clítoris es para darte harto placer, no tiene ninguna utilidad reproductiva, así que siéntete libre de hacerlo.

HAY CLÍTORIS PEQUEÑOS, GRANDES, ESCONDIDITOS Y MÁS PROTUBERANTES, TODA UNA VARIEDAD:

LABIOS VAGINALES

3

LABIOS EXTERNOS

Son pliegues de piel, suelen ser carnosos y están cubiertos de vello púbico. Se encargan de proteger el resto de los órganos internos de la vulva.

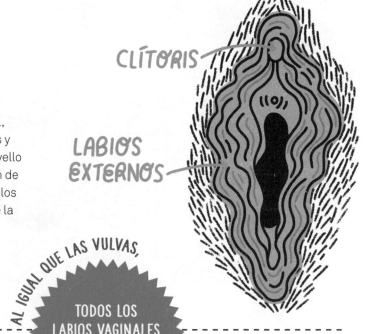

CLÍTORIS

LABIOS EXTERNOS

AL IGUAL QUE LAS VULVAS, TODOS LOS LABIOS VAGINALES SON ÚNICOS Y DIFERENTES.

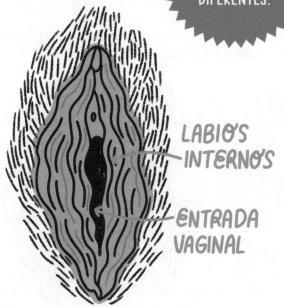

LABIOS INTERNOS

ENTRADA VAGINAL

4

LABIOS INTERNOS

Se encuentran dentro de los labios externos. Empiezan en el clítoris y terminan debajo de la entrada vaginal.

AL IGUAL QUE LAS VULVAS, TODOS
LOS LABIOS VAGINALES
SON ÚNICOS Y DIFERENTES.
PUEDEN SER CORTITOS, LARGOS,
ARRUGADOS O LISOS.

ES NORMAL QUE UN LABIO
SEA MÁS LARGO QUE OTRO, O
QUE LOS LABIOS INTERNOS SEAN MÁS
LARGOS QUE LOS EXTERNOS. EN TODAS
LAS VULVAS VARÍAN.

SUS COLORES TAMBIÉN VARÍAN,
PUEDEN SER DESDE ROSA, HASTA
NEGRO Y MARRÓN.

¡TODA UNA VARIEDAD DE LABIOS CHULOS Y ÚNICOS!

5 GLÁNDULAS DE BARTOLINO

Se encuentran alrededor de la entrada vaginal, son diminutas y muy poco visibles.

En el momento en que se empieza a sentir excitación sexual, estas glándulas secretan un líquido que ayuda a lubricar la vagina, lo cual facilita la penetración.

La lubricación vaginal varía en cada vulva; si tu vagina no lubrica tanto, puedes usar un lubricante para hacer más placentero el manosearte o tener relaciones sexuales.

¡HUY QUÉ RICO!

---

6 GLÁNDULAS DE SKENE

Se encuentran alrededor de la uretra (por donde haces pipí), cerca de la vagina. Estas liberan un líquido blanquecino o transparente, lo que se conoce como <u>eyaculación femenina</u>.

LAS GLÁNDULAS PUEDEN VARIAR, DE MODO QUE EN ALGUNAS PERSONAS PUEDE SER MÁS DIFÍCIL ESTIMULARLAS.

¡OH CHI!

¡CHALE!ᗡ:

18

7 VAGINA Y VULVA

Recuerda que la vagina y la vulva no son lo mismo. La vulva es el conjunto de genitales externos conformado por el monte de Venus, glande del clítoris, labios vaginales externos e internos, el orificio uretral (por donde haces pipí) y la entrada vaginal.

¡AY WEY!

MENSTRUACIÓN

COPITA MENSTRUAL

JUGUETES SEXUALES

PENE

¡USA CONDÓN!

TUS DEDITOS LIMPIOS

LA VAGINA ES EL ÓRGANO QUE CONECTA AL ÚTERO CON LA VULVA.
Es por donde salen los bebés y la menstruación, por donde entran algunos juguetes sexuales, la copa menstrual o el pene.

19

¡TODOS LOS CUERPOS SON

CHULOS Y DIFERENTES! ♥

¡NO TE COMPARES!

AL IGUAL QUE NOSOTRAS, NUESTROS SENOS, BUBIS, TETAS, CHICHIS O COMO MÁS TE GUSTE LLAMARLES SON DE DIFERENTES TAMAÑOS Y FORMAS; PUEDEN SER DESIGUALES, PELUDAS...

HAY VARIOS TIPOS DE PEZONES Y NO EXISTEN DOS IGUALES, A VECES NI SIQUIERA EN UNA MISMA PERSONA. PUEDEN SER PLANOS, CORTOS, INVERTIDOS, HUNDIDOS, GRANDES, PEQUEÑOS, CON PELITOS, PERFORADOS Y DE DISTINTOS COLORES. TODA UNA DIVERSIDAD DE HERMOSOS PEZONES.
¿LOS HAS TOCADO? ¿LOS HAS MIRADO EN EL ESPEJO? CONÓCELOS Y DALES AMORCITO.

LAS VULVAS, AL IGUAL QUE LOS SENOS,
VARÍAN. TIENEN DIFERENTES TAMAÑOS Y
FORMAS: LAS HAY GRANDES, PEQUEÑAS,
CARNOSAS, VELLUDAS, DEPILADAS, CON
LABIOS EXTERNOS E INTERNOS LARGOS,
CORTOS, ARRUGADOS...

NO EXISTE
LA VULVA
PERFECTA,
PORQUE TODAS
SON ÚNICAS
Y HERMOSAS.

Masturbarte es algo sano y normal.
Es una forma de conocer tu cuerpx chulx, saber qué te excita y qué no, y puede ser algo muy placentero.

MANOSÉATE TODITA

MANOSEARTE TAMBIÉN ES UN ACTO DE AMOR PROPIO.

MANOSEARTE PUEDE AYUDARTE A SABER QUÉ QUIERES DURANTE LAS RELACIONES SEXUALES, A BAJAR TUS NIVELES DE ESTRÉS Y A RELAJARTE.

CHALE, ¡QUÉ DÍA!

¡QUÉ BUENA MANOSEADA ME DI!

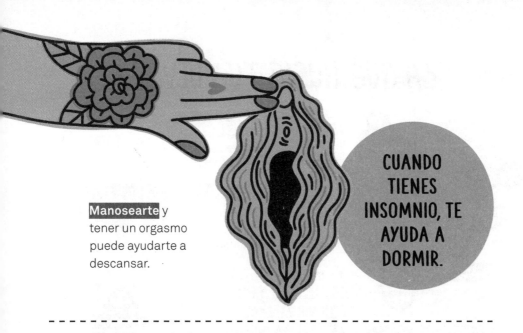

Manosearte y
tener un orgasmo
puede ayudarte a
descansar.

CUANDO
TIENES
INSOMNIO, TE
AYUDA A
DORMIR.

Durante el periodo menstrual, manosearte puede ayudarte a calmar los cólicos, pues al tener un orgasmo el cuerpx libera dopamina y serotonina, hormonas que dan sensación de alivio; esto liberará el dolor y evitará que te inflames.

¡RECUERDA QUE
ERES TOTALMENTE
LIBRE DE
MANOSEARTE!

¡Más sobre esto
en el capítulo 5!

PINCHES
CÓLICOS

¡MANOSÉAME WEE...!

¿A QUÉ HUELE TU VULVA?

¡ÑO, ÑO HUELO A FLORECITAS!

Las vulvas NO huelen a flores. Cada persona tiene un olor diferente. Los olores más frecuentes suelen asociarse a los lácteos con un toque metálico debido a la flora vaginal.

ES IMPORTANTE QUE CONOZCAS EL OLOR DE TU VULVA, SABER CUÁL ES SU OLOR NORMAL Y NATURAL, YA QUE ASÍ PODRÁS SABER CUANDO ALGO NO ESTÁ BIEN O SI TIENES ALGUNA INFECCIÓN.

La vulva es sensible a los diferentes cambios en su entorno diario, por lo que cualquier alteración puede afectar su olor, así como la secreción del flujo vaginal y su consistencia.

EXISTEN VARIOS FACTORES QUE ALTERAN EL OLOR SIN PONER EN RIESGO TU SALUD ÍNTIMA; ALGUNOS DE ELLOS SON:

TU MENSTRUACIÓN   EL EMBARAZO, LA LACTANCIA   E INCLUSO ALGUNOS ALIMENTOS

¿CÓMO SABER CUANDO EL OLOR CAMBIA POR UNA INFECCIÓN?

Por lo regular, un cambio en el olor de la vulva viene acompañado de otros síntomas que indican un problema de salud. En caso de tener una infección, el olor se vuelve más fuerte, como a pescado, y el color del fluido también cambia. Además, puede que tengas sensación de picor, ardor o hinchazón.

ESTOY ENFERMITA WEE...

> **SI NOTAS CUALQUIER ALTERACIÓN ACUDE CON TU GINECÓLOGX**
> para realizar las pruebas necesarias, determinar un diagnóstico y empezar el tratamiento adecuado para tu vulva.

RECUERDA QUE LAS VULVAS NO HUELEN A FLORES, LAS VULVAS HUELEN A VULVAS♥

CÓMO MANTENER TU VULVA FELIZ

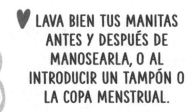

♥ LAVA BIEN TUS MANITAS ANTES Y DESPUÉS DE MANOSEARLA, O AL INTRODUCIR UN TAMPÓN O LA COPA MENSTRUAL.

♥ LÁVALA DIARIAMENTE SOLO CON AGUA TIBIA; PUEDES USAR JABÓN NEUTRO SIN PERFUMES AÑADIDOS.

♥ USA CALZONES DE ALGODÓN Y CÁMBIALOS A DIARIO. EVITA EL USO DE TANGAS O ÚSALAS LO MENOS POSIBLE, YA QUE PUEDEN CAUSAR IRRITACIONES E INFECCIONES, ASÍ COMO TRANSPORTAR BACTERIAS DEL ANO A LA VAGINA.

♥ DURANTE EL PERIODO MENSTRUAL CAMBIA TU TOALLA, COPA O TAMPÓN CADA CUATRO HORAS.

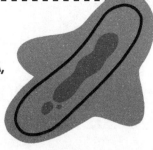

♥ EVITA USAR DUCHAS VAGINALES, ESPONJAS PARA LA LIMPIEZA DE TU VAGINA Y ROPA MUY AJUSTADA, YA QUE PUEDEN GENERARTE ROZADURAS Y/O COMEZÓN.

CUÍDAME WEE...

LIMPIA BIEN TU COLITA CHULA

La zona genital es muy sensible, limpiarla bien después de hacer pipí o popó es importante para evitar la proliferación de gérmenes, pues estos pueden generar molestias, irritaciones, vaginosis y otras afectaciones. **Es muy importante que cuando vayas al baño realices siempre una limpieza de adelante hacia atrás, del perineo hacia el culito.** Si lo haces al revés, es muy probable que arrastres bacterias u otros microorganismos desde la zona anal hasta la vulva por lo cerca que se encuentran, lo cual aumenta el riesgo de infecciones.

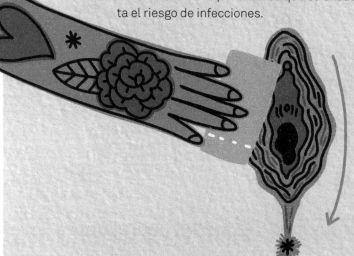

¡SIEMPRE LIMPIA DE ADELANTE HACIA ATRÁS!

MITOS ~~PENDEJOS~~ SOBRE LA VULVA

LAS VULVAS SON SUCIAS

¡FALSOOO!

Las vulvas en realidad se limpian solas. Lava solo con agüita; si detectas un mal olor después de bañarte probablemente sea una infección.

¡SUCIA TU COLA!

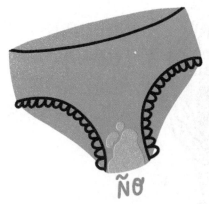

ÑO

LA SECRECIÓN VAGINAL ES MALA

¡FALSOOO!

Es normal e incluso saludable tener secreciones vaginales blancas o lechosas, estas varían a lo largo del ciclo menstrual.

LAS VULVAS SE ESTIRAN POR TENER MUCHO SEXO

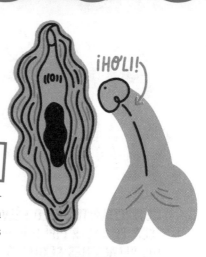

¡HØLI!!

¡PARA NADA!

Es casi imposible que por tener muchas relaciones sexuales la vagina se estire permanentemente. La vulva cambia de forma y se dilata cuando tienes relaciones sexuales, pero siempre vuelve a su tamaño original.

ES CASI IMPOSIBLE QUE CAMBIE DE TAMAÑO

TODAS LAS VULVAS SON IGUALES

¡CLARO QUE NO!

SOMOS ÚNICAS

Todas las vulvas son diferentes, los labios vaginales varían en cada una; incluso en una misma persona, el largo de los labios puede ser distinto. No compares tu vulva con otras.

EJERCITA TU SUELO PÉLVICO

EJERCITAR TU SUELO PÉLVICO AYUDA A CONTROLAR TUS ESFÍNTERES, O SEA, EL HACER PIPÍ O POPÓ, LOS GASES Y, ¡SORPRESA!, TAMBIÉN MEJORA TUS RELACIONES SEXUALES. Puede aumentar el placer durante las relaciones porque fortalece los músculos pélvicos; es decir, ayuda a ejercer mayor presión ya sea en tu vibrador, juguete sexual o el pene de tu pareja, lo cual provoca que la sensación del roce sea mucho más rica e intensa.

PERO PRIMERO ¿QUÉ ES EL SUELO PÉLVICO?

Se trata del conjunto de músculos y ligamentos que rodean la cavidad abdominal por la parte inferior y que sostiene los órganos pélvicos, vejiga, uretra, útero, vagina y recto. Es responsable de controlar la continencia urinaria y anal.

El suelo pélvico se adapta a tu movimiento, pero siempre mantiene la tensión adecuada para mantener sujetos los órganos dentro de la pelvis.

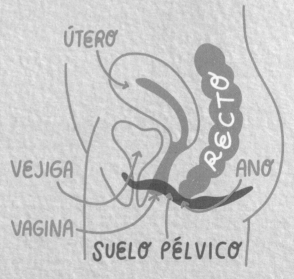

ÚTERO

RECTO

ANO

VEJIGA

VAGINA

SUELO PÉLVICO

PUEDE LLEGAR A DEBILITARSE POR DIVERSAS RAZONES:

* Embarazo, debido al peso del útero

* Parto natural, pues estira los músculos vaginales

* Estreñimiento crónico

* Menopausia

* Obesidad, por el peso en la región pélvica

Hacer ejercicios pélvicos es algo recomendable para todas las personas con vulva. Esto evitará que el suelo pélvico se debilite sin importar la edad. Además, puede ayudarte a prevenir incontinencia urinaria y algunas disfunciones sexuales, como tener menos sensibilidad durante las relaciones o sufrir dolor. Si tienes alguno de estos problemas es importante consultar a tu ginecologx o acudir con unx fisioterapeuta especializadx en suelo pélvico para que realicen una valoración de tu musculatura pélvica y puedas llevar un tratamiento adecuado.

HAZ EJERCICIO, MUEVE TU PELVIS, SUELTA TENSIONES FÍSICAS Y MENTALES.

Prueba ejercicios como mover tu cintura de atrás hacia adelante, en círculos, o los que te recomiendo a continuación.

GUÍA DE EJERCICIOS

KEGEL, BOLAS CHINAS E HIPOPRESIVOS

✧ EJERCICIOS DE KEGEL ✧

Consisten en la contracción de los músculos del suelo pélvico. Para ubicarlos, piensa en cuando estás haciendo pipí y la contienes o la cortas. ¡Exacto! Ahí es cuando usas tus músculos pélvicos. (Ojo: no aguantes mucho el hacer pipí, porque puede perjudicarte).

AHORA QUE SABES EN DÓNDE SE ENCUENTRAN ES MOMENTO DE PRACTICAR:

✳ **Empieza por contraer tus músculos con intervalos cortos: contrae un segundo y relaja tres segundos.** Después intenta por intervalos más largos: contrae tres segundos y relaja seis segundos.

....

✳ **Toma en cuenta tu respiración:** inhala mientras contraes los músculos y suelta el aire al relajar la zona.

Puedes realizar estos ejercicios en casa, en el coche, caminando, sentada... ¡En cualquier momento! Trata de hacerlo dos veces al día durante algunos minutos.

BOLAS CHINAS

Se utilizan para hacer ejercicios similares a los de Kegel, solo que agregas peso. Su uso requiere movimiento, así que debes caminar para que las bolas choquen entre sí. Conforme las bolitas se mueven y vibran al son de tus pasos, hacen trabajar a los músculos pélvicos y como resultado mejoran el tono muscular.

✳ **Pruébalas en casa para comenzar.** Lava muy bien tus manitas y usa lubricante a base de agua para que sea más cómodo introducir las bolitas.

✳ **Primero inténtalo acostada, es menos intenso por la falta de gravedad.** Introduce las bolas por la vagina y, cuando estén dentro, levántate poco a poco y da un par de pasos para activarlas. Conforme agarres experiencia, podrás insertarlas incluso estando de pie.

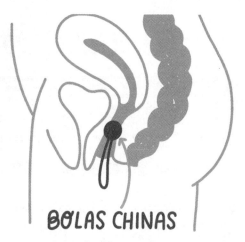

BOLAS CHINAS

✳ **Ahora sí, a caminar: sal a dar un pequeño paseo al parque o hazlo dentro de tu casa, lo que te sea más cómodo.** El peso de las bolas puede darte la sensación de que se van a salir, pero es ahí cuando tu musculatura vaginal debe contraerse para evitar que esto pase.

ENTRADA VAGINAL

✳ **Puedes empezar llevándolas por cinco minutos;** si te sientes cómoda, prueba hasta por 15 minutos, al menos las primeras dos semanas. Una vez que pase ese tiempo, sube a treinta minutos durante otras dos semanas.

* **Cuando te familiarices con el movimiento,** y si no te causa alguna molestia, puedes subir el tiempo de uso a sesenta minutos. Úsalas una o dos veces a la semana durante actividades de intensidad baja o media, como pasear a tu mascota o darte un bañito. Evita correr u otras acciones de alto impacto.

Existen diferentes pesos y tamaños. Se recomienda empezar con las bolas de mayor tamaño y menos peso, e ir probando otras medidas conforme vayas ganando más experiencia. Puedes conseguirlas fácilmente por internet. ;)

 # EJERCICIOS HIPOPRESIVOS

==Estos ejercicios son una técnica de fortalecimiento muscular que beneficia la zona abdominal== y además tiene efectos positivos en el suelo pélvico. Consisten en la contracción involuntaria abdominal y del suelo pélvico para aumentar el tono en ambas musculaturas.

CONSIGUE UNA PELOTA DE PILATES Y PRUEBA LO SIGUIENTE:

* **Tumbada boca arriba con las piernas flexionadas y los brazos extendidos a lo largo de tu cuerpx,** coloca la pelota entre tus rodillas. Apoya las plantas de los pies en el piso.

* **Tu pelvis debe estar derecha.** Para esto, debajo de tu columna debes dejar un pequeño hueco y evitar que la curvatura de tu espalda se apoye totalmente en el suelo.

* **Una vez que estés en la posición correcta, toma aire profundamente,** abre la caja torácica y mientras sueltas el aire cierra tus costillas, mete el ombligo y presiona el balón. Notarás cómo se contrae la parte interna de tus piernas y el periné.

* **Repite este ejercicio unas veinte veces.**

TIP: Los hipopresivos pueden ayudar a la recuperación del suelo pélvico posparto y se pueden practicar ocho semanas después del nacimiento del bebé.

¿DUDAS? ¿CHISMES?

VELLO VAGINAL:

¿ES NECESARIO DEPILARLO?

No, el vello sirve como una capa protectora ante la entrada de patógenos al organismo, evita que la zona genital se irrite durante el sexo y actúa como amortiguador.
Si decides recortarlo o depilarlo, hazlo por y para ti, es lo más importante.

TEN EN CUENTA QUE REMOVERLO POR COMPLETO PUEDE CAUSAR IRRITACIÓN O INFECCIÓN POR VELLO ENCARNADO. TAMBIÉN PUEDES SOLO RECORTARLO UN POCO.

<3

HABLEMOS DE MENSTRUACIÓN

LA MENSTRUACIÓN ES UN PROCESO BIOLÓGICO NORMAL; SIN EMBARGO, MUCHAS PERSONAS AÚN NO LO VEN DE ESA FORMA POR FALTA DE EDUCACIÓN SEXUAL DE CALIDAD. Desafortunadamente, algunas prácticas sociales, culturales y religiosas cambiaron la forma en la que vemos la menstruación. Volvieron algo natural en una fuente de enfermedad, desigualdad, exclusión y vergüenza. Pero...

¡LA MENSTRUACIÓN NO ES MALA!

Son muchas las personas que saben poco o nada sobre la menstruación, y eso ha traído graves consecuencias: falsedades, mitos y estigmas en torno a ella. Por eso es importante que tanto niñas como niños y adultos de todos los géneros reciban educación sobre la menstruación, para que comprendan lo que ocurre con el periodo, lo entiendan como un proceso natural, libre de tabúes y falsas creencias, y así poder hablar libremente sobre el tema.

MI CUERPO Y EL CICLO MENSTRUAL

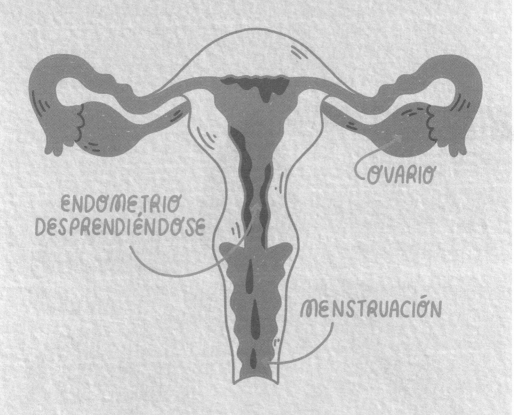

ENDOMETRIO
DESPRENDIÉNDOSE

OVARIO

MENSTRUACIÓN

¿QUÉ ES EL CICLO MENSTRUAL?

Es el proceso por el que pasa el cuerpx de las personas que menstrúan todos los meses para prepararse para un posible embarazo. Se cuenta a partir del primer día de sangrado, hasta el siguiente primer día del posterior periodo menstrual.

Cada mes los ovarios liberan un óvulo, en un proceso llamado ovulación. Enseguida, el útero se prepara para un posible embarazo, y cuando el óvulo no es fertilizado, el endometrio (el tejido que recubre al útero) es expulsado a través de la vagina produciendo el sangrado, la menstruación.

PERO ¿QUÉ ES LO QUE NOS PASA A LO LARGO DEL MES?

El ciclo se divide en dos partes de aproximadamente 14 días cada una. Tus niveles hormonales (estrógeno y progesterona) cambian a lo largo del ciclo provocando algunos síntomas que varían de persona a persona: desde decaimiento, inapetencia sexual, hasta cambios de humor, dolor en las bubis y subida de la libido.

LA PRIMERA MITAD DEL CICLO,

que dura del día 1 del sangrado al día 14 (la menstruación suele durar entre 3, 5 o hasta 7 días), el cuerpx está llenx de estrógenos y las tetas dan la sensación de ser más grandes.

DURANTE LA 2A SEMANA DEL CICLO

SE SIENTE UN SUBIDÓN DE ENERGÍA:

TE BAJA

los estrógenos mejoran la calidad de la piel y el cabello.

La ovulación está cerca y la libido sube (o sea tas más caliente, cachonda), en esos días es más fácil excitarse y llegar al orgasmo para algunas personas.

DURANTE LA SEGUNDA PARTE DEL CICLO,

del día 14 al 28 se produce progesterona, que empieza a los dos o tres días de la ovulación. **En la tercera semana** la progesterona llega a producir nerviosismo, se reseca la piel y algunas comemos más.

EN LA CUARTA SEMANA Y LA ÚLTIMA DEL CICLO

LLEGA EL SÍNDROME PREMENSTRUAL

PROVOCANDO MOLESTIAS, COMO

HINCHAZÓN, NÁUSEAS O ESTREÑIMIENTO.

Al llegar el sangrado estas molestias disminuyen y la menstruación marca el inicio de un nuevo ciclo.

43

SPM

EL SÍNDROME PREMENSTRUAL ES UN CONJUNTO DE SÍNTOMAS QUE COMIENZAN UNA O DOS SEMANAS ANTES DEL SANGRADO; la mayoría de las personas tiene por lo menos un síntoma de SPM que desaparece al iniciar la menstruación. En algunas estos síntomas son muy intensos, tanto que afectan su modo de vida.

LOS SÍNTOMAS COMUNES DEL SPM SON:

INFLAMACIÓN O DOLOR EN LOS SENOS

¡AUCH!

INCREMENTO DEL APETITO

AUMENTO DE PESO

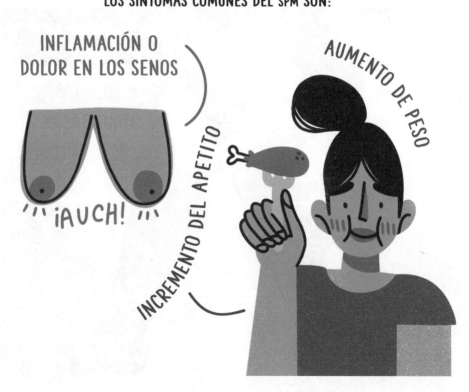

45

LAS TETAS Y EL CICLO MENSTRUAL

DURANTE EL CICLO MENSTRUAL ES NORMAL QUE LOS NIVELES DE HORMONAS INFLUYAN EN TUS BUBIS, provocando que a lo largo del mes tengan cambios en su forma y tamaño, aunque a veces pueda ser imperceptible.

GLÁNDULAS MAMARIAS

Los primeros días de tu ciclo menstrual, cuando te baja, la textura de tus bubis puede ser algo irregular, y quizá tengas la sensación de que están un poco más grandes. Esto se debe a que las glándulas mamarias se dilatan en prevención de un posible embarazo. En cuanto tu cuerpitx se da cuenta de que no hay embarazo, regresan a su tamaño normal.

Al final de la menstruación (entre los días 3 y 7, dependiendo de cuánto tiempo dure tu periodo), las bubis están más blandas; este es buen momento para realizarte la autoexploración de las mamas.

AUTOEXPLÓRATE

CUANDO SE ACERCA LA OVULACIÓN, TUS BUBIS LUCIRÁN MÁS ABULTADAS; ES POR EL ESTRÓGENO, EL CUAL AYUDA A MEJORAR LA ELASTICIDAD DE LA PIEL Y HACE QUE SE ELEVEN.

TENER DOLOR EN LAS BUBIS ES UN SÍNTOMA PREMENSTRUAL que suelen tener algunas personas; ocurre de cinco a diez días antes de que comience tu periodo, después de la ovulación. En este momento tus tetas se sienten adoloridas, pesadas y muy sensibles; el dolor puede ser agudo y punzante, y tal vez exista inflamación. En ocasiones dichas molestias pueden causar impacto en tus actividades físicas.

PARA ALIVIAR EL DOLOR PUEDES USAR UN BRASIER SUAVECITO Y COMPRESAS TIBIAS O FRÍAS, lo que te haga sentir mejor; prueba también hacerte masajitos suaves o toma algún medicamento para el dolor.

OVARIO POLIQUÍSTICO

El síndrome de ovario poliquístico (SOP) es un trastorno hormonal que ocurre duran-te la edad reproductiva. Puede causar periodos menstruales infrecuentes o prolonga-dos, o niveles excesivos de hormonas masculinas: andrógenos. Se desconoce su causa y los signos y síntomas suelen desarrollarse a temprana edad, cuando te empieza a ba-jar durante la pubertad, aunque en algunos casos puede manifestarse más adelante.

A pesar de que los síntomas y signos varían, el diagnóstico se da cuando se experimentan al menos dos de los siguientes:

✳ **Periodos menstruales irregulares.**

✳ **Exceso de andrógenos. Tener niveles elevados de hormonas masculinas puede causar signos físicos como exceso de vello corporal y facial, en ocasiones acné grave y calvicie de patrón masculino.**

✳ **«Quistes» en los ovarios (en realidad no son quistes, sino una textura como de pelota de golf) que tu ginecólogx detectará con un ultrasonido.**

¿QUÉ PASA EN LOS OVARIOS? Se agrandan y retienen folículos alrededor de los óvulos; como resultado, los ovarios pueden dejar de funcionar.

Entre las complicaciones del ovario poliquís-tico están las siguientes:

✳ Infertilidad

✳ Diabetes gestacional o presión alta causada por el embarazo

✳ Aborto espontáneo o nacimiento prematuro

✳ Depresión, ansiedad y trastornos de alimentación

✳ Sangrado uterino anormal

✳ Cáncer de endometrio

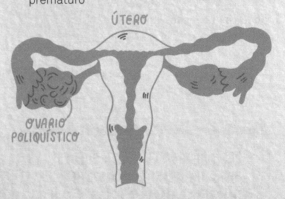

ÚTERO

OVARIO POLIQUÍSTICO

Es bien importante que consultes a tu ginecólogx si presentas algún síntoma, si tus periodos no son regulares, si padeces infertilidad o signos de exceso de andró-genos. Pero no te apaniques, aproximadamente una de cada diez personas con útero tienen SOP y, con el tratamiento correcto, se puede controlar.

LO NUEVO PARA TU MENSTRUACIÓN

Seguramente ya conoces las clásicas toallas y tampones, por eso no me enfocaré en ellos. Actualmente existen nuevas opciones que podemos utilizar durante el periodo menstrual que se caracterizan por ser *eco-friendly*, es decir, mucho más amigables con el medio ambiente, y son igual de cómodas que las clásicas o incluso más.

PRUEBA PARA ENCONTRAR LA MEJOR OPCIÓN PARA TI. ¿CON CUÁL TE SIENTES MÁS CÓMODA DURANTE TU PERIODO?

LA COPA MENSTRUAL

Existen varios tamaños que se acoplan a cada persona. La copa se dobla por la mitad y se introduce en la vagina, donde se expande de nuevo y recolecta tu sangrado.

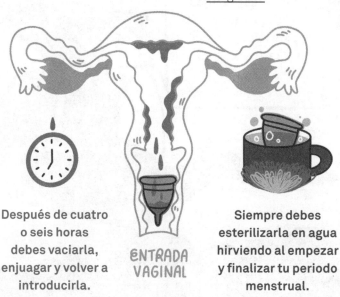

ENTRADA VAGINAL

Después de cuatro o seis horas debes vaciarla, enjuagar y volver a introducirla.

Siempre debes esterilizarla en agua hirviendo al empezar y finalizar tu periodo menstrual.

Si la cuidas bien, puede llegar a durar hasta diez añitos. Los diseños y colores varían según la marca.

49

TOALLAS SANITARIAS DE TELA

Se usan y funcionan igual que las toallas sanitarias desechables, solo que en lugar de tirarlas **debes remojarlas en agüita fría, lavarlas y secarlas.** Son suaves y no irritan, a diferencia de algunas desechables.

TIP:

Riega tus plantitas con el agua que usaste para remojarlas, ya que esta sirve de abono. Hará florecer tu jardín.

CALZÓN MENSTRUAL

¡Llegaron los choninos para tu sangrado! Nada más cómodo que unas pantaletas que absorben la menstruación. Al igual que las toallas de tela, debes enjuagarlos con agua fría, lavar y secar.

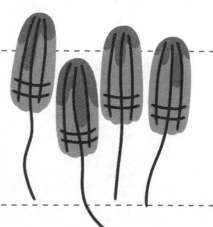

LOS CALZONES LLEGAN A TENER UNA ABSORCIÓN EQUIVALENTE A LA DE CASI CUATRO TAMPONES, DEPENDIENDO DE LA MARCA.

Puedes campechanear entre usar copa menstrual y calzones para los últimos días de tu periodo, cuando el sangrado es menor.

REMOJA, LAVA Y SECA AL SOL

SANGRADO LIBRE

Consiste en no usar ningún método para recolectar tu sangrado: ni toallas, copa, o tampones. El sangrado libre busca retener las descargas de sangre y vaciarlas en el escusado. Como en cualquier método menstrual, puede haber accidentes al no lograr contener el sangrado, así que de preferencia no uses tus chones favoritos esos días.

¡ÑO!

Puedes ejercitar los músculos del suelo pélvico para conseguir retener el sangrado:

Practica los ejercicios de Kegel que están en la guía del capítulo 1.

ÚTERO

VAGINA

MÚSCULOS DEL SUELO PÉLVICO A EJERCITAR

TODO SOBRE LA COPA MENSTRUAL

CÓMO PONERTE LA COPA MENSTRUAL Y NO MORIR EN EL INTENTO

ANTES QUE TODO, TEN MUCHA PACIENCIA: A veces no se puede a la primera y tanto meterla como sacarla puede ser estresante, pero respira e inténtalo. <u>Si elegiste la copita para recolectar tu menstruación no te arrepentirás.</u>

* RECUERDA SIEMPRE ESTERILIZAR TU COPA MENSTRUAL ANTES DE INICIAR CADA PERIODO

Y AL TERMINARLO.

PRIMERO: LAVA MUY BIEN TUS MANITAS, SIEMPRE.

Ahora, para introducirla en la vagina, busca una posición con la que te sientas cómoda; puede ser sentada en la taza del baño, en cuclillas (esto hará que la entrada vaginal esté más abierta) o con una pierna arriba de la taza del baño.

LA PRIMERA VEZ PUEDE SER DIFÍCIL. SI SIENTES QUE TU VAGINA NO ESTÁ LUBRICADA, PUEDES UTILIZAR UNAS GOTITAS DE LUBRICANTE A BASE DE AGUA PARA INTRODUCIRLA Y EVITAR CIERTO MALESTAR O DOLORCITO.

DOBLA LA COPA ASÍ

Dobla la copa para facilitar su entrada, ya sea doblándola a la mitad o como un cucurucho. No tengas miedo de introducir tus deditos dentro de tu vagina: esto también te ayudará a estar más en contacto con tu cuerpx, sentir cómo es tu vagina por dentro y conocerla. De preferencia mantén tus uñas cortitas para evitar lastimarte.

CUCURUCHO

UNA VEZ DENTRO, ASEGÚRATE DE QUE HAYA QUEDADO BIEN PUESTA: CON EL DEDO ÍNDICE ACOMÓDALA HASTA SENTIR QUE QUEDÓ BIEN ABIERTA. ¡LISTO!

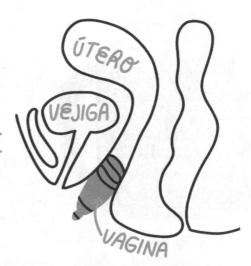

ÚTERO

VEJIGA

VAGINA

CÓMO SACAR LA COPA MENSTRUAL Y NO MORIR EN EL INTENTO

Al igual que introducirla, sacarla puede ser un poco complicado al inicio. Pero tú puedes hacerlo, ten paciencia.

Tira suavemente del extremo de la copa hasta que llegues a la base; apriétala un poco e inclínala a un ladito para liberar aire y poder sacarla. Hazlo con cuidado para evitar accidentes. También puedes pujar un poquito para ayudar a que salga con más facilidad.

Cámbiala según tu flujo menstrual. Es supernormal tener pequeños accidentes; no entres en pánico, solo se requiere práctica, verás que pronto lo harás hasta con los ojitos cerrados. **Recuerda cambiarla cada cuatro, seis o diez horas; no la dejes ahí por más de 12 horas.**

ENTRE CADA CAMBIO ENJUÁGALA CON AGÜITA ANTES DE VOLVER A INSERTARLA. Al terminar tu periodo, recuerda esterilizarla de nuevo en agua hirviendo y guárdala en su bolsita.

CUÁNDO NO USAR LA COPA MENSTRUAL

Algunos casos en los que no se recomienda usar la copa menstrual:

✳ Si tienes una infección vaginal. Lo mejor es consultar a tu ginecólogx.

✳ Después del parto vaginal. Debes esperar por lo menos cuarenta días. También es recomendable cambiar el tamaño de tu copa, si es que antes usabas la talla chica. Si fue un parto por cesárea, puedes esperar hasta diez días para usar la copa, pero esto depende de cada persona: si no te sientes cómoda, no la uses.

✳ Luego de haber tenido un aborto. Se recomienda no introducir nada en la vagina mientras dure el sangrado.

¿QUÉ TE DICE EL COLOR DE TU PERIODO?

EL COLOR DE TU MENSTRUACIÓN PUEDE VARIAR DESDE TONOS CLAROS HASTA TONOS OSCUROS. Es importante saber de qué color es tu menstruación y lo que esto te dice sobre tu salud.

¿QUÉ COLOR ERA?

MARRÓN/NEGRO

Por lo general se trata de sangre vieja. Cuando la sangre se seca con aire toma ese color, es algo completamente normal.

ROJO INTENSO

Este color significa que tu cuerpx está funcionando bien; sin embargo, si notas que dura más de una semana con ese tono rojo y es demasiado abundante, es importante que acudas con un especialista a hacer un chequeo.

ROSA PÁLIDO

Un color muy claro podría indicar un bajo nivel de hierro o estrógeno, algún desequilibrio hormonal o que la sangre está diluida con flujo vaginal. <u>Si notas que el color persiste acude con tu especialista.</u>

NARANJA

Si tu sangrado tiene un color naranjita, <u>tienes ardor o mal olor, acude con tu especialista</u> **para descartar que sea una posible infección.**

GRISÁCEO

Si tu periodo es color gris con algunas rayas rojas, puede **indicar que algo no anda bien, ser señal de aborto espontáneo o alguna ITS** (infección de transmisión sexual). <u>Es muy importante acudir con un especialista y ver que todo esté bien.</u>

PRESTA ATENCIÓN A TU PERIODO, A SU COLOR, OLOR E INCLUSO DURACIÓN para saber cómo funciona tu ciclo menstrual y saber cuando algo malo ocurre.

¡OHHH!　¡AHHH!

PROBLEMAS DURANTE LA MENSTRUACIÓN

Los periodos menstruales dolorosos o demasiado abundantes pueden ser signo de que algo no anda bien con tu salud, como:

* DISMENORREA
* AMENORREA
* ENDOMETRIOSIS

DISMENORREA

ES UN DOLOR INTENSO PÉLVICO Y ABDOMINAL QUE SE PRESENTA ANTES O DURANTE LA MENSTRUACIÓN. Algunas personas también pueden llegar a sentir mareo, náuseas y vómito.

La dismenorrea se divide en primaria y secundaria. En la primaria suele haber contracciones uterinas anormales sin patología pélvica, o sea, sin que haya una enfermedad o infección en los órganos reproductivos, ya sea en el útero, trompas de Falopio u ovarios.

La dismenorrea secundaria puede ser síntoma de otra enfermedad ginecológica, como la endometriosis, miomas uterinos, quistes en los ovarios o infecciones. El dolor de la dismenorrea secundaria es mucho más fuerte y continuo que el de la primaria; suele aparecer una semana antes del periodo menstrual y permanecer durante todo el sangrado.

ES IMPORTANTE ACUDIR CON UN ESPECIALISTA SI TIENES ALGUNO DE ESTOS SÍNTOMAS: dolor intenso, continuo o si dura mucho. El especialista determinará cuál es el mejor tratamiento para ti.

AMENORREA

Se refiere a la ausencia del periodo menstrual antes de la menopausia. Algunas de las causas de la amenorrea son: embarazo, lactancia, SOP o estrés. Si no te ha bajado por al menos tres meses, sería bueno que acudieras con tu ginecólogx.

¡NO ME HA BAJADO, PERO NO ESTOY EMBARAZADA! ¡WTF!

ENDOMETRIOSIS

ENDOMETRIOSIS

Ocurre cuando un tejido similar al endometrio se forma fuera del útero. Puede afectar los ovarios, las trompas de Falopio o el tejido que recubre la pelvis. La endometriosis genera mucho dolor, sobre todo durante el periodo menstrual; también puede causar problemas de fertilidad.

SIGNOS Y SÍNTOMAS DE LA ENDOMETRIOSIS:

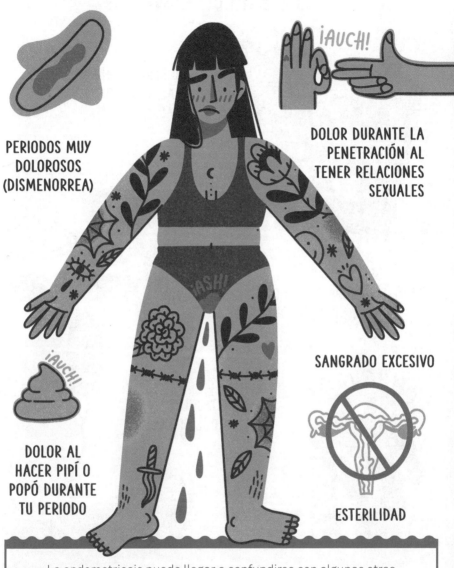

PERIODOS MUY DOLOROSOS (DISMENORREA)

DOLOR DURANTE LA PENETRACIÓN AL TENER RELACIONES SEXUALES

DOLOR AL HACER PIPÍ O POPÓ DURANTE TU PERIODO

SANGRADO EXCESIVO

ESTERILIDAD

La endometriosis puede llegar a confundirse con algunas otras afecciones que provocan dolor pélvico o quistes ováricos. SI TIENES ALGUNO DE LOS SÍNTOMAS ES IMPORTANTE ACUDIR CON TU ESPECIALISTA.

TAMBIÉN DEBES ACUDIR CON UN ESPECIALISTA SI:

TU PERIODO DURA MÁS DE OCHO DÍAS.

DEBES CAMBIAR TU TOALLA, TAMPÓN O COPA CADA DOS HORAS POR SANGRADO ABUNDANTE.

TIENES COÁGULOS DEMASIADOS GRANDES.

HAY SANGRADO EN CUALQUIER MOMENTO DE TU CICLO MENSTRUAL QUE NO SEA DURANTE TU PERIODO.

SÍNDROME DEL *SHOCK* TÓXICO (SST) POR EL USO DE TAMPONES

Aunque es una infección grave, es poco frecuente. Suele ocurrir con el uso de tampones, después de alguna cirugía, infección cutánea o quemaduras. Afecta tanto a mujeres como a hombres e incluso niños.

SE CORRE MAYOR RIESGO SI SE DEJA UN TAMPÓN POR MUCHO TIEMPO

Es causado por una toxina producida por algunos tipos de bacterias de estafilococos y se presenta a través de fiebre, *shock* y problemas con varios órganos del cuerpx. Los síntomas incluyen diarrea, confusión, fiebre alta en ocasiones acompañada de escalofríos, convulsiones, enrojecimiento en los ojos, boca y garganta o sarpullido similar al de las quemaduras de sol.

El SST puede evolucionar rápidamente ocasionando *shock*, insuficiencia renal o incluso la muerte.

SI USAS TAMPONES, ES MUY IMPORTANTE QUE LEAS LAS ETIQUETAS DEL EMPAQUE.

Trata de que el tiempo de uso no sea prolongado o de usar aquellos con la menor absorción. De ser posible, cambia el tampón con frecuencia, aproximadamente cada cuatro horas.

SI YA TUVISTE EL SÍNDROME DE *SHOCK* TÓXICO PODRÍAS VOLVER A TENERLO, ASÍ QUE DE SER TU CASO EVITA USAR TAMPONES.

MITOS Y TABÚES

Los mitos acerca de la menstruación provienen de diferentes fuentes, creencias impuestas por la sociedad y la religión que, además de desinformar, han generado sentimientos de temor, vergüenza y dudas en torno al periodo. El problema es que muchos de estos mitos siguen vigentes y hacen ver a la menstruación como algo malo o impuro, lo cual dificulta el poder hablar de ella libremente y formular las preguntas que tengamos respecto al tema.

ANTES SE CONSIDERABA QUE LA SANGRE MENSTRUAL CONTAMINABA, POR ESO A LAS MUJERES NO SE LES PERMITÍA TOCAR LA TIERRA DURANTE ESOS DÍAS, YA FUESE PLANTANDO O COSECHANDO. HOY, SIN EMBARGO, SABEMOS QUE LA SANGRE DILUIDA CON AGÜITA SIRVE COMO ABONO NATURAL PARA LAS PLANTAS.

¡NO TOQUES!

En algunas culturas aún se cree que cuando las mujeres están menstruando se debe restringir su convivencia con las personas de su hogar o su comunidad. Se les aísla de diferentes maneras, dependiendo de las costumbres de cada región.

En los años del Imperio romano se creía que cuando una mujer menstruaba era capaz de convertir el vino en vinagre con solo tocarlo, e incluso podía destruir tierras y cultivos. Para el pueblo judío, según la Torá, la mujer era impura durante los siete días que sangraba. En Nepal practican el *chaupadi:* un ritual en el que las niñas y mujeres son aisladas durante su periodo, ya que se considera algo sucio y negativo. Estos son solo algunos de los miles de mitos que se han inventado a lo largo de la historia.

RECUERDA QUE LA MENSTRUACIÓN NO ES ALGO SUCIO, NI MALO. EXISTEN MUCHAS PERSONAS OPRIMIDAS POR ESTOS ESTIGMAS. ¡YA ES HORA DE ROMPER CON TODOS LOS TABÚES Y MITOS QUE SOLO PERJUDICAN LA MENSTRUACIÓN Y LA HACEN VER COMO ALGO NEGATIVO!

ES MOMENTO DE HACER LAS PACES CON NUESTRO PERIODO Y EMPEZAR A HABLAR LIBREMENTE SOBRE LA MENSTRUACIÓN.

SEXO DURANTE LA MENSTRUACIÓN

Tener relaciones durante la menstruación puede llegar a ser una experiencia que disfrutes mucho, es una práctica saludable y trae bastantes beneficios. <u>Muchas personas que menstrúan sienten más excitación sexual durante su periodo menstrual; además, tener orgasmos durante el periodo ayuda a aliviar los cólicos.</u>

PUEDES MASTURBARTE LIBREMENTE DURANTE ESOS DÍAS, AUNQUE SI ES ALGO QUE NO SE TE ANTOJA (ya sea tener sexo o manosearte), también está bien.

¿QUÉ TAN SEGURO ES TENER RELACIONES SEXUALES DURANTE LA MENSTRUACIÓN?

Aunque las probabilidades de quedar embarazada son bajas, siempre debes usar condón, pues aún corres el riesgo de tener un embarazo no planificado y puedes contraer más fácilmente una ITS o VIH. <u>Estos virus viven en la sangre, así que al tener contacto con la menstruación es más fácil contagiar o contraer una infección.</u>

Si decides tener relaciones sexuales durante tu periodo y estás usando tampón, asegúrate de retirarlo antes de que haya penetración; de lo contrario este puede ser empujado dentro de tu vagina durante el coito, y podrías necesitar ayuda de tu doctorx para sacarlo.

TIPS PARA TENER RELACIONES SEXUALES DURANTE TU MENSTRUACIÓN

<u>Recuerda que, para disfrutar plenamente de tus relaciones, estas deben ser consensuadas;</u> no dejes que nadie te presione a hacer algo que no quieres.

A veces podemos sentirnos un poco incómodas por miedo a terminar en una situación que parezca escena de crimen. **Algo que puedes hacer antes de tener sexo durante tu periodo es tomar un baño relajante: esto hará que la salida de la menstruación sea un poco más lenta.**

ÚSAME, BEBÉ

✳ **Usa una toalla o una sábana vieja para evitar accidentes,** como manchar tus cobijas favoritas.

✳ **Pueden tener relaciones también mientras se bañan;** a veces sostener una posición puede ser incómodo, pero si te gusta, prueba a ver cómo te sientes. Solo ten cuidado de que nadie se resbale.

✳ **Retira tu tampón, copa menstrual o tu toalla sanitaria** desde antes de la estimulación y excitación para no cortarla cuando estén muy prendidos.

✳ **La sangre puede servir de lubricante**.

✳ **Recuerda usar preservativo siempre.**

NO DEJES QUE TU PERIODO MENSTRUAL INTERRUMPA TU VIDA SEXUAL; SI TE DA CURIOSIDAD PROBAR, HAZLO.
Es cuestión de práctica para saber cómo te gusta y disfrutarlo mucho.

MENOPAUSIA, ¿DE QUÉ VA?

La menopausia es el momento en el que te deja de bajar debido a los cambios hormonales que ocurren naturalmente con la edad. Suele suceder entre los 45 y 55 años, pero varía en cada persona. Ocurre cuando se dejan de producir estrógenos y disminuye la producción de otras hormonas reproductivas, como la progesterona. Sin estas hormonas dejas de tener tu menstruación y ya no puedes embarazarte.

LOS SÍNTOMAS PUEDEN SER LEVES O MÁS NOTORIOS, ALGUNOS SON:

✳ **Bochornos.** Tienes sensación de calor repentino; algunas veces son tan intensos que puedes llegar a sentirlos en tu carita y cuerpx. Solo duran unos minutos, pero es posible que ocurran varias veces al día.

✳ **Sudores nocturnos.**

✳ **Problemas para dormir o incluso insomnio.**

✳ **Cambios vaginales.** La membrana vaginal puede volverse más delgada, más seca o menos elástica; esto puede causar resequedad o molestias durante las relaciones sexuales.

✳ **Alteraciones en el estado de ánimo.** Los cambios hormonales pueden generar ansiedad, irritabilidad, cansancio o modificar tu impulso sexual.

Lidiar con los síntomas físicos y emocionales de la menopausia puede hacer que disminuya tu apetito sexual; esto no significa que tu vida sexual haya terminado, simplemente es una nueva etapa para reconocerte y explorar tu placer. Es importante tener siempre a la mano un lubricante a base de agüita o silicona para disfrutar más y sentirte cómoda. Masturbarte hace que la sangre circule a tu vagina, esto ayuda a mantener sus tejidos saludables.

¿DUDAS?
¿CHISMES?

¿POR QUÉ SANGRO MUCHO CON MI PERIODO?

PRIMERO, ¿QUÉ TANTO SANGRAS?

Si tienes que cambiar cada hora tu copa, toalla o tampón porque el sangrado es demasiado abundante, expulsas coágulos demasiado grandes o llegas a limitar tus actividades debido al sangrado, puede que padezcas menorragia, el término médico para cuando el sangrado es muy intenso o prolongado.

Aunque algunas personas sienten que tienen un sangrado excesivo, en ocasiones la pérdida de sangre no es lo suficientemente grave como para tener menorragia; por ello es importante conocerte y acudir con un especialista en cuanto detectes algo así, para obtener el mejor tratamiento para ti.

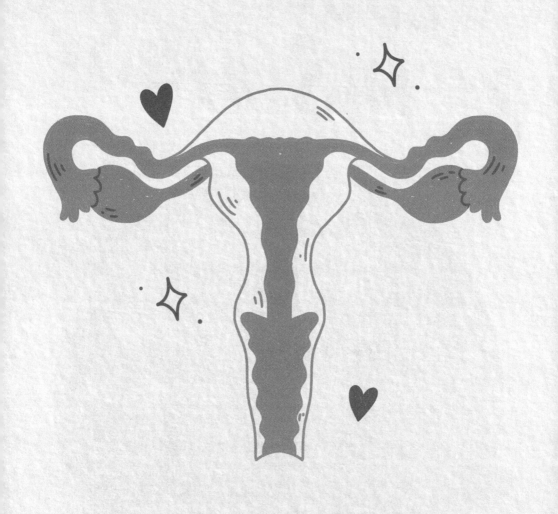

ES IMPORTANTE ACUDIR CON UNX GINECÓLOGX ANUALMENTE, EMPEZANDO ENTRE LOS 13 Y 15 AÑOS DE EDAD. ESTO CON EL FIN DE TENER REVISIONES PERIÓDICAS, DETECTAR A TIEMPO CUESTIONES MENORES Y PREVENIR CUALQUIER COMPLICACIÓN ANTES DE QUE SE CONVIERTA EN UN PROBLEMA MÁS GRANDE.

TROMPAS UTERINAS

OVARIO

ÚTERO

VAGINA

Para muchas personas, la idea de ir con unx ginecólogx por primera vez puede resultar aterrador, y es normal sentir miedo. Someternos al tacto vaginal puede causarnos nervios o vergüenza porque alguien entra en contacto con una parte íntima de nuestrx cuerpx chulx. Para reducir estas preocupaciones es muy importante encontrar unx ginecólogx que te haga sentir cómoda contigo mismx. No tiene que ser al primerx que acudas: busca alguien con quien sientas la confianza de hablar libremente sobre tus dudas o miedos, alguien que te explique todo lo que tú necesitas para sentirte bien.

¡OOOH!

¿PREGUNTAS INCÓMODAS?

NADA SOBRE TU CUERPX DEBE INCOMODARTE, ES MUY IMPORTANTE CONOCERLO Y SABER SOBRE TU SALUD, CÓMO CUIDARLO Y DARLE AMOR.

AQUÍ HAY ALGUNAS PREGUNTAS QUE TE HARÁ TU GINECOLOGX Y QUE, AUNQUE PODRÍAN LLEGAR A INCOMODARTE, SON NECESARIAS:

✳ ¿Qué cambios está experimentando tu cuerpx?

✳ ¿Cuál es tu orientación sexual?

✳ ¿Has tenido relaciones sexuales? ¿Fue vagina, anal, oral? ¿Utilizaste algún método anticonceptivo?

✳ ¿Experimentas mucho dolor durante tu menstruación? ¿Tienes sangrado inusual?

✳ ¿Tienes flujo vaginal? ¿De qué color suele ser? ¿Sientes ardor o picazón en la zona vaginal?

ESTAS PREGUNTAS TIENEN EL FIN DE RECABAR TODA LA INFORMACIÓN QUE TU GINECÓLOGX NECESITA PARA CONOCERTE Y CUIDARTE: informarte sobre métodos anticonceptivos, ITS, opciones para usar durante tu periodo menstrual y más.

EXÁMENES FÍSICOS

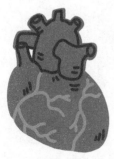

EL EXAMEN BÁSICO CONSISTE EN TOMAR EL PESO, HACER UN CHEQUEO AL CUELLO, CORAZÓN, PULMONES Y EL VIENTRE. CON ESTO SE LOGRA TENER UN CONOCIMIENTO BÁSICO SOBRE TU SALUD PARA REALIZAR COMPARACIONES CON LAS SIGUIENTES VISITAS.

EXAMEN MAMARIO

El cáncer de mama es poco frecuente en adolescentes, pero es fundamental realizar el examen cuando visites a tu ginecólogx. Además, puedes hacerlo tú misma.

Consiste en un chequeo para comprobar que las bubis se estén desarrollando bien, durante el cual se palpan cuidadosamente los senos, el área alrededor y debajo de los brazos para detectar masas, posibles bultos, quistes o cualquier otro cambio en las mamas.

ES POSIBLE LLEGAR A SENTIR DOLOR O UN POCO DE INCOMODIDAD; si esto ocurre, infórmalo a tu ginecólogx para que se detenga, pues es importante que te sientas tranquila y en confianza.

PAPANICOLAU

Este examen sirve para detectar cambios celulares anormales en el cuello uterino que pueden causar cáncer cervical, y cambios celulares provocados por el virus del papiloma humano (VPH). Se recomienda empezar a realizar esta prueba a partir de los 21 años, una vez al año.

Durante esta prueba tu ginecólogx introducirá en la vagina un espéculo (conocido también como «pato», que puede ser de plástico o de metal) para abrir las paredes y así llegar al cuello uterino, el cual raspará con suavidad para recoger algunas células, ayudándose de un cepillo muy pequeño.

LA PRUEBA DURA SOLO UNOS MINUTOS Y NO ES DOLOROSA, aunque puedes llegar a sentir un poco de incomodidad cuando se introduce el pato o durante el raspado.

La muestra se envía al laboratorio para checar si hay algún cambio anormal en las células y si hay señales de cáncer uterino. Tu ginecólogx te informará de los resultados al cabo de unos días.

CUELLO UTERINO

MASTOGRAFÍAS

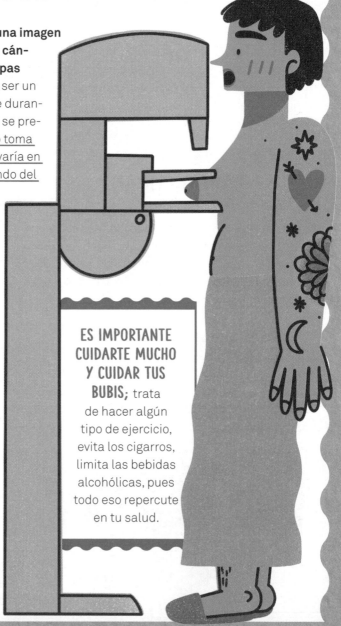

El examen consiste en una imagen con rayos x para buscar cáncer de mama en sus etapas iniciales. Puede llegar a ser un proceso doloroso, ya que durante el examen las mamas se presionan con firmeza. Solo toma unos minutos y el dolor varía en cada persona dependiendo del tamaño de los senos, si la paciente está menstruando, o si está a punto de bajarle, por lo que es importante no hacer la mamografía antes o durante el periodo. Se recomienda empezar a hacerlas a partir de los cuarenta, una vez al año, pero si en tu familia ya hay antecedentes de cáncer de mama u ovario es muy recomendable empezar antes, alrededor de los treinta años.

ES IMPORTANTE CUIDARTE MUCHO Y CUIDAR TUS BUBIS; trata de hacer algún tipo de ejercicio, evita los cigarros, limita las bebidas alcohólicas, pues todo eso repercute en tu salud.

¿CÓMO SABER SI TENGO UNA INFECCIÓN VAGINAL?

Una infección vaginal afecta a personas con vulva de cualquier edad, sean sexualmente activas o no.

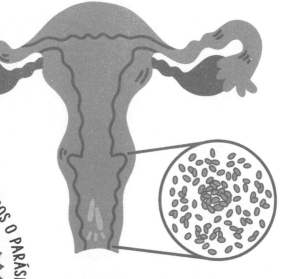

OCURRE CUANDO MICROORGANISMOS (BACTERIAS, HONGOS O PARÁSITOS) QUE NO PERTENECEN A LA FLORA VAGINAL ENTRAN EN ELLA, PROVOCANDO UN DESEQUILIBRIO.

La vaginosis bacteriana y las infecciones por levaduras forman parte de la amplia categoría de infecciones vaginales llamadas vaginitis.

LA VAGINITIS ES UNA IRRITACIÓN DE LA VULVA O LA VAGINA.

No es una ITS y es normal padecerla en algún momento de la vida. Ocurre cuando hay una alteración en el equilibrio de la flora vaginal o como una reacción a productos irritantes.

MUCHOS FACTORES PUEDEN PROVOCAR VAGINITIS, ENTRE ELLOS:

* Levaduras.

* Vaginosis bacteriana.

* Sexo vaginal, pues a pesar de no ser una ITS, la composición química natural en los genitales de tu pareja puede afectar el equilibrio de levaduras y bacterias en tu vagina.

LOS SÍNTOMAS DE LA VAGINITIS SON:

* Irritación, enrojecimiento, inflamación de la vulva o vagina.

* Picazón, ardor o dolor en la vagina o en la vulva.

* Sensación de querer ir varias veces a hacer pipí.

* Flujo vaginal anormal.

Puedes tener vaginitis por alguna reacción alérgica, sensibilidad a diferentes productos, materiales o actividades como:

* Duchas vaginales.

* Productos de «higiene vaginal» perfumados.

* Toallas sanitarias o tampones perfumados.

* Papel higiénico perfumado o con colores.

* **Espermicidas.** Se trata de un tipo de anticonceptivo cuyos químicos impiden que el esperma llegue al óvulo. Se introduce en la vagina antes de tener sexo para evitar el embarazo.

* Pantalones ajustados o ropa interior que no es de algodón.

SIN ALGODÓN

INFECCIÓN VAGINAL POR LEVADURAS

LA VAGINOSIS Y LA INFECCIÓN POR HONGOS PUEDEN PRESENTAR SÍNTOMAS SIMILARES, PERO SUS CAUSAS SON DIFERENTES Y, POR LO TANTO, REQUIEREN UN TRATAMIENTO DISTINTO.

A diferencia de la vaginosis bacteriana, la infección vaginal por levaduras es consecuencia de un hongo. **Ocurre cuando las levaduras saludables que normalmente viven en la vagina proliferan de manera descontrolada.**

El flujo suele ser espeso, blanco e inodoro, y puedes tener una cubierta blanquecina dentro o alrededor de la vagina, además de picazón, ardor o enrojecimiento en las mismas zonas.

Si tu flujo es grisáceo, espumoso y con olor a pescado, puedes tener una vaginosis bacteriana. Si el flujo es espumoso, amarillo o verdoso, tiene mal olor y rastros de sangre, puede ser tricomoniasis.

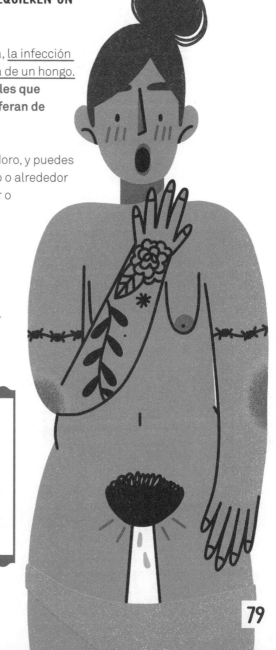

ES BIEN IMPORTANTE PRESTAR ATENCIÓN A TU CUERPX, VULVA, VAGINA, FLUJO Y OLOR VAGINAL para saber cuando algo no está bien, y es fundamental ir con tu ginecólogx si notas algún cambio inusual.

CUIDADOS DE LA VULVA

¿QUÉ CALZÓN USAR? ¿CUÁLES NO?

Es importante usar ropa interior de tu talla y que sea de algodón, al menos en la parte baja de la vulva, donde está la entrada vaginal. Calzones con los que te sientas cómoda y no sean muy ajustados.

Si te gustan las tangas, trata de no usarlas a diario (o lo menos posible), ya que estas facilitan el movimiento de las bacterias del ano hacia la vagina, aumentando el riesgo de contraer alguna infección urinaria.

80

100% ALGODÓN

AL HACER EJERCICIO, SUDAS, POR LO QUE LLEVAR UN CALZÓN DE ALGODÓN REDUCIRÁ LA HUMEDAD Y EVITARÁ UNA INFECCIÓN VAGINAL.

USAR EL CALZONCITO ADECUADO TE AYUDARÁ A REDUCIR EL RIESGO DE LA APARICIÓN DE BACTERIAS, HONGOS E INFECCIONES, MANTENER EL EQUILIBRIO EN EL PH DE LA PIEL Y CUIDAR TU VULVA CHULA.

CUIDADOS DE LAS BUBIS

ES IMPORTANTE USAR EL BRASIER ADECUADO PARA TI, UNO A TU MEDIDA, QUE NO SEA APRETADO, DE PREFERENCIA SIN VARILLAS Y QUE ESTÉ HECHO DE UNA TELA QUE AYUDE A LA TRANSPIRACIÓN.

Intenta no usarlo por más de 12 horas. Todo esto ayudará a prevenir dolor en tus bubis, espalda y hasta rozaduras.

Evita dormir con brasier. En realidad no es algo malo, siempre y cuando uses el brasier correcto; se trata más de una cuestión de comodidad: dejar descansar libremente a tus bubis, permitir que la sangre circule y la piel respire sin estar comprimida. **Si tu piel es muy sensible, dormir con brasier podría irritarte o inflamarte. Si tienes poca chichi, dormir con brasier no es necesario.**

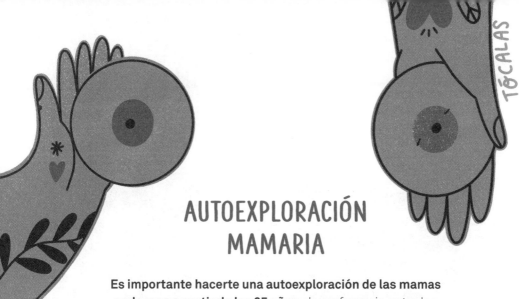

TÓCALAS

AUTOEXPLORACIÓN MAMARIA

Es importante hacerte una autoexploración de las mamas cada mes a partir de los 25 años, de preferencia entre los días 3 y 5 después de empezar tu menstruación, o bien, al finalizarla. Esto se debe a que antes del periodo suelen estar duras, adoloridas, inflamadas, o reteniendo líquidos.

PARADA FRENTE A UN ESPEJO CON TUS BUBIS DESCUBIERTAS, COLOCA LOS BRAZOS A LO LARGO DEL CUERPX Y ÉCHALES OJO. Pasa tus dedos por encima de tus pezones, rózalos con las yemas de tus dedos, pellízcalos para ver si hay salida anormal de algún líquido.

1 JUNTA TUS MANOS DETRÁS DE LA NUCA, CON LOS CODOS APUNTANDO HACIA LOS COSTADOS, Y OBSERVA CON ATENCIÓN.

2

LEVANTA LOS BRAZOS Y ÉCHALES UN OJO TAMBIÉN.

3 USA LAS YEMAS DE LOS DEDOS PARA REVISAR TODA LA MAMA CON FIRMEZA Y CUIDADO, REALIZANDO MOVIMIENTOS CIRCULARES DE ADENTRO HACIA AFUERA. NO OLVIDES REVISAR LA PARTE EXTERNA DE LA MAMA, AL LADO DE TU AXILA.

USA LAS YEMAS DE TUS DEDOS

ALGUNOS CAMBIOS QUE NO SON NORMALES:

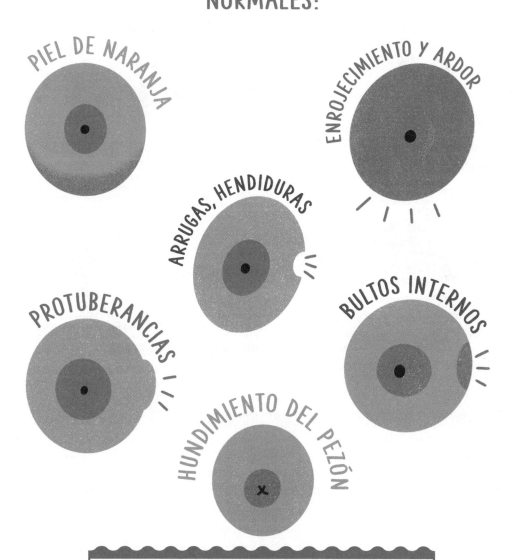

PIEL DE NARANJA

ENROJECIMIENTO Y ARDOR

ARRUGAS, HENDIDURAS

PROTUBERANCIAS

BULTOS INTERNOS

HUNDIMIENTO DEL PEZÓN

ES IMPORTANTE CONOCER LA FORMA DE TUS BUBIS Y HACER UN CHEQUEO MENSUAL.

Si notas algo fuera de lo normal acude con tu ginecólogx o un especialista. Cuídate muchito a ti y a tus bubis.

LO PENSASTE BIEN Y ♥ ¿TE QUIERES EMBARAZAR?

ACÁ ALGUNOS BÁSICOS

EL EMBARAZO ES UNA DECISIÓN MUY IMPORTANTE

QUE DEBES TOMAR LIBREMENTE, SIN LA PRESIÓN DE TU PAREJA, FAMILIA O SOCIEDAD.

CONSIDERA TODOS LOS CAMBIOS QUE ESTE TRAE CONSIGO, TANTO EN TU CUERPX COMO EN TU VIDA. ES BUENO TOMARSE TIEMPO PARA MEDITAR, PORQUE NO HAY NADA MÁS BONITO QUE UNA MATERNIDAD DESEADA.

Si lo quieres intentar con tu pareja o por tu cuenta, existen formas para conocer tus patrones de fertilidad y ovulación; así sabrás cuándo es el momento idóneo para concebir. Puedes obtener apoyo de tu ginecólogx.

La forma más común en la que se produce un embarazo es durante el sexo vaginal, donde una persona con pene eyacula dentro de la vagina de otra persona. Los espermas suben nadando a través del cuello uterino y el útero hasta entrar a las trompas de Falopio.

Si en las trompas el esperma se encuentra con un óvulo, este es fecundado y desciende al útero; si el óvulo fecundado se adhiere a la pared del útero, empieza el embarazo.

La posibilidad es más alta si mantienes relaciones vaginales durante los días que ovulas; cada cuerpx es distintx, pero la ovulación por lo general ocurre 14 días después de que empieza la menstruación. El óvulo vive alrededor de un día después de ser liberado durante la ovulación, y el esperma puede vivir en el cuerpx hasta seis días después de haber tenido relaciones vaginales. Puedes adquirir pruebas de ovulación para asegurarte, suelen venderlas en las farmacias.

Existe también la inseminación alternativa, en la cual se inserta el semen en la vagina o en el útero por medio de una jeringa u otro dispositivo similar. Esto se puede hacer en casa con la ayuda y el consentimiento de tu pareja o con el apoyo de un médicx. Se puede usar esperma congelado de un banco de esperma o esperma fresco de algún donante conocido, ya sea de tu pareja, amigo o persona de confianza. Esta es una opción para personas solteras, parejas que no producen esperma, o parejas con problemas de infertilidad.

Por último, está la posibilidad de concebir un embarazo por fecundación *in vitro*; esta ocurre cuando un médico capacitado extrae los óvulos de tu cuerpx o del de otra persona y los mezcla con el esperma en un laboratorio para fecundarlos. Después, el médico coloca los óvulos fecundados dentro del útero. Si uno o más se adhieren a la pared del útero, empieza el embarazo. La fertilización *in vitro* ayuda a personas con problemas de fertilidad a concebir un embarazo.

SI ERES FÉRTIL Y TIENES RELACIONES SEXUALES VAGINALES SIN PROTECCIÓN, puedes quedar embarazada en el plazo de un año aproximadamente. Recuerda que esto varía en cada persona; el embarazo puede darse antes de ese periodo, pero en caso de llevar intentándolo más de un año sin resultados, consulta con tu médicx para realizarte un chequeo.

CAMBIOS EN LA VULVA DURANTE EL EMBARAZO

Durante el embarazo se vienen muuuchos cambios hormonales que influyen en los genitales: se relaja la musculatura de la vulva y la vagina, razón por la que a veces puedes llegar a tener fugas de pipí; los labios vaginales se inflaman, tu vulva se prepara para dar a luz y se adapta para que la cabeza del bebé pase por el canal de parto.

Además, aumenta la lubricación vaginal y la textura y el olor del flujo también cambia, volviéndose más blanco y espeso. Debido al aumento del flujo sanguíneo, se produce una alteración de color en la piel de la vulva, que adquiere un tono más oscuro. Es posible, o no, que vuelva a su color anterior después del parto.

Tal vez sientas tus genitales prominentes e hinchados, sobre todo los labios externos e internos; también es probable que aumente la cantidad de vello púbico.

TODOS ESTOS CAMBIOS SON NORMALES: TU CUERPX SE ESTÁ PREPARANDO PARA EL NACIMIENTO DEL BEBÉ.

ABORTO

LA MATERNIDAD
SERÁ DESEADA
O NO SERÁ

LA INTERRUPCIÓN DEL EMBARAZO ES LEGAL EN ALGUNOS ESTADOS DE MÉXICO hasta la semana 12 de gestación, antes de que el embrión o feto esté en condiciones para vivir fuera del útero materno.

EL ABORTO SE CONSIDERA CUANDO:

LA PERSONA EN CUESTIÓN NO DESEA ESTAR EMBARAZADA. A ESTO SE LE LLAMA ABORTO ELECTIVO. ACTUALMENTE SE ENCUENTRA DESPENALIZADO EN LA CIUDAD DE MÉXICO, OAXACA, HIDALGO, VERACRUZ, BAJA CALIFORNIA, COLIMA Y SINALOA. EN ESOS ESTADOS SE ATIENDE A PERSONAS DE CUALQUIER PARTE DEL PAÍS, INCLUSO CUANDO VIENEN DEL EXTRANJERO.

EL FETO TIENE UNA ANOMALÍA CONGÉNITA O TIENE UN PROBLEMA GENÉTICO. APLICA CUANDO SE DIAGNOSTICAN ALTERACIONES O MALFORMACIONES GENÉTICAS O CONGÉNITAS GRAVES Y SE PRACTICA EN 16 ENTIDADES FEDERATIVAS.

EL EMBARAZO ES DAÑINO PARA LA SALUD DE LA PERSONA. A ESTO SE LE CONOCE COMO ABORTO TERAPÉUTICO. ESTA CAUSA ES LEGAL EN 24 ESTADOS DE LA REPÚBLICA MEXICANA Y APLICA CUANDO, DE CONTINUAR EL EMBARAZO, LA VIDA DE LA MUJER ENTRA EN PELIGRO.

EL EMBARAZO ES CONSECUENCIA DE UN EVENTO TRAUMÁTICO, COMO VIOLACIÓN O INCESTO.

ESTA INTERRUPCIÓN SE APLICA EN TODO EL TERRITORIO MEXICANO, ES DECIR, EN CUALQUIERA DE LOS 32 ESTADOS.

EL ABORTO INDUCIDO ES AQUEL QUE SE REALIZA POR VOLUNTAD DE LA PERSONA EMBARAZADA Y EXISTEN DOS FORMAS DE HACERLO:

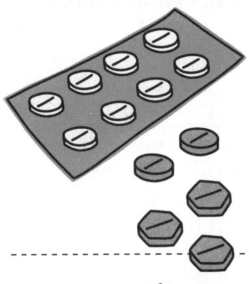

ABORTO MÉDICO

Se conoce con este nombre al aborto inducido por medio de medicamentos. Solo se puede realizar durante las primeras semanas de embarazo. Se utilizan medicamentos como mifepristona y misoprostol; este último es el más accesible y comúnmente se usa también para inducir el parto.

ABORTO QUIRÚRGICO

Para este tipo, se usan técnicas quirúrgicas hasta la semana 12. No requiere de anestesia general, pero se le puede administrar a la paciente un tipo de sedante para ayudarla a relajarse y hacerla sentir un poco adormilada. También se aplica anestesia en el cuello uterino para hacer el proceso lo menos doloroso posible. Luego, se introduce una sonda en el útero previamente dilatado, donde se introduce una especie de aspiradora para extraer los tejidos del embarazo. Se da antibiótico para disminuir el riesgo de infección y el tiempo de recuperación suele ser rápido, la mayoría de las personas que pasan por este procedimiento pueden volver a sus actividades normales 1 o 2 días después.

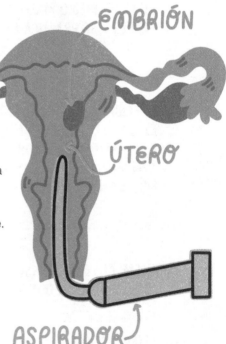

EMBRIÓN

ÚTERO

ASPIRADOR

ES IMPORTANTE HACER UN EXAMEN PARA COMPROBAR EL EMBARAZO Y SABER EXACTAMENTE CUÁNTAS SEMANAS DE GESTACIÓN SE TIENEN CON EL FIN DE ELEGIR EL TIPO DE INTERVENCIÓN.

Los riesgos asociados al aborto dependerán de las semanas que se tengan de gestación, el tipo de procedimiento y las condiciones en las que se realiza. Cuando el aborto se realiza en condiciones inseguras y sin las tecnologías adecuadas, se pueden presentar complicaciones como lesiones, retención de restos, hemorragia e infección.

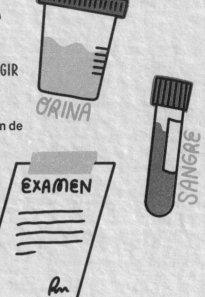

LA EDUCACIÓN SEXUAL TRADICIONAL TIENE DEFICIENCIAS MUY GRANDES; durante muchos años estuvo rodeada de tabúes que desinformaron a muchas generaciones y las dejaron con innumerables dudas y mitos alrededor de la sexualidad femenina. **Hablar sobre el aborto es importante,** ya que los embarazos no planificados y su interrupción son algo que sucede en todo el mundo. Necesitamos la información correcta y exacta para poder tomar decisiones sobre nuestrx cuerpx libremente.

ALERTA:

Existen mitos y métodos para realizar abortos caseros que solo perjudican, desinforman y pueden dañarte; esto puede ir desde tomar grandes cantidades de algún tipo de té, comer ciertos alimentos o introducir objetos en tu vagina. Los remedios caseros pueden llegar a ser muy peligrosos para tu salud, **es importante recibir apoyo profesional o ir a una clínica especializada para realizar un aborto de manera segura e informada. No arriesgues tu vida.**

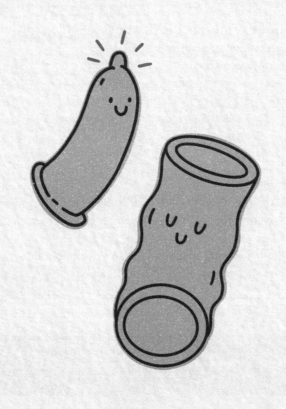

CÓMO CUIDAR TU SALUD SEXUAL

MÉTODOS ANTICONCEPTIVOS

LOS MÉTODOS ANTICONCEPTIVOS SON AQUELLOS QUE SIRVEN PARA EVITAR UN EMBARAZO NO DESEADO; permiten tener control sobre la natalidad, ayudándote a decidir cuándo tener hijxs o no. Además, algunos ayudan a prevenir que contraigas VIH o alguna ITS.

Existen dos tipos de anticonceptivos: los temporales y los definitivos, y es muy importante conocer cada uno de estos para así elegir el que más te convenga. Todos somos diferentes y puede que a una persona le vaya bien uno y a otra persona otro. **Acá te presento una explicación de cada uno.**

ENTRE LOS TEMPORALES ESTÁN LOS DE BARRERA Y LOS HORMONALES:

✳ **LOS DE BARRERA SON AQUELLOS QUE EVITAN QUE EL ESPERMA INGRESE AL ÚTERO, SON REMOVIBLES.** Es una opción si no quieres usar anticonceptivos hormonales, y además de que sirven para evitar embarazos no planificados, son los únicos que previenen que contraigas VIH o alguna ITS.

✳ **LOS MÉTODOS HORMONALES FUNCIONAN SOLO PARA EL CONTROL DE NATALIDAD.** Usan hormonas para regular o detener la ovulación y evitar un embarazo al bloquear la liberación de óvulos de los ovarios, adelgazar el revestimiento del útero o engrosar el moco en el cuello uterino, lo cual evita que los espermatozoides lleguen al óvulo.

Por otro lado, los definitivos son aquellos métodos permanentes de control de natalidad, los cuales impiden embarazos o la liberación de esperma. Estos procedimientos requieren cirugía por un profesional y no suelen ser reversibles. **Tampoco te protegen de contraer alguna ITS o VIH.**

MÉTODOS DE BARRERA

CONDÓN EXTERNO

El condón es un método de barrera. Hasta ahora es la mejor opción para tener relaciones sexuales seguras, ya que son baratos, accesibles y te protegen contra un embarazo no planificado, VIH e ITS. Además, es el único método en el que el hombre o persona con pene participa para la planificación familiar (a excepción de la vasectomía, pero esta es definitiva).

TIENEN UNA EFECTIVIDAD DE 85-95%, DEPENDIENDO DE SU USO:

NO SE DEBE ABRIR EL EMPAQUE CON LOS DIENTES

ES NECESARIO UTILIZAR LUBRICANTES A BASE DE AGUA O SILICÓN

PARA EVITAR QUE SE ROMPA

(**ojo:** no usen lubricantes a base de aceite, pues estos debilitan el condón).

ALGUNAS PERSONAS SON ALÉRGICAS AL LÁTEX; si es tu caso, puedes utilizar condones de otros materiales como poliuretano, ya existen varias marcas que los manejan.

NO DEBE USARSE CONDÓN INTERNO Y EXTERNO AL MISMO TIEMPO: esto NO brindará doble protección, al contrario, ya que al rozarse pueden romperse.

TAMPOCO ES NECESARIO EL DOBLE CONDÓN; COLOCARLO CORRECTAMENTE Y CHECAR QUE NO ESTÉ ROTO O TENGA FUGAS AL FINALIZAR SU USO SERÁ SUFICIENTE PARA SABER QUE TODO ESTÁ BIEN.

CONDÓN INTERNO

También es un método de barrera, semejante a un saco de plástico delgado que cubre la vagina. Se mantiene en su lugar gracias a un anillo interno cerrado que debe quedar a la altura del cuello uterino y un anillo externo que quedará en la entrada vaginal.

EL CONDÓN INTERNO PUEDE INTRODUCIRSE HASTA OCHO HORAS ANTES DE TENER RELACIONES SEXUALES Y TIENE UNA EFECTIVIDAD DE 79-98%

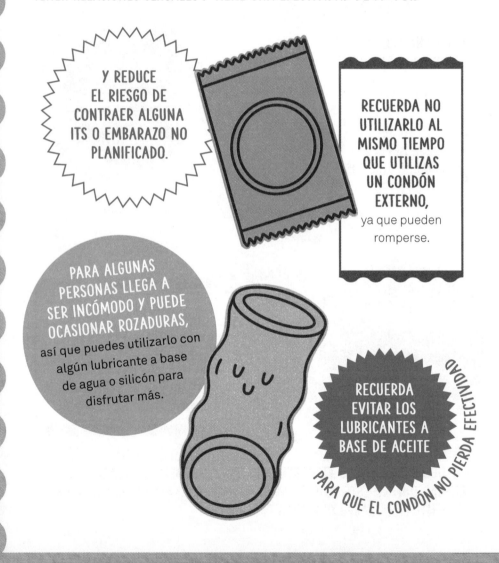

Y REDUCE EL RIESGO DE CONTRAER ALGUNA ITS O EMBARAZO NO PLANIFICADO.

RECUERDA NO UTILIZARLO AL MISMO TIEMPO QUE UTILIZAS UN CONDÓN EXTERNO, ya que pueden romperse.

PARA ALGUNAS PERSONAS LLEGA A SER INCÓMODO Y PUEDE OCASIONAR ROZADURAS, así que puedes utilizarlo con algún lubricante a base de agua o silicón para disfrutar más.

RECUERDA EVITAR LOS LUBRICANTES A BASE DE ACEITE PARA QUE EL CONDÓN NO PIERDA EFECTIVIDAD

¿CÓMO PONERLO?

1 REVISA LA FECHA DE CADUCIDAD.

....

2 ABRE CON CUIDADO LA ENVOLTURA PARA EVITAR QUE EL CONDÓN SE ROMPA; utiliza los dedos, evita usar tijeras, uñas o los dientes.

....

3 PONTE EN UNA POSICIÓN CÓMODA PARA INTRODUCIRLO; trata de estar relajada. Puedes hacerlo con un pie en una silla, recostada o en cuclillas.

....

4 EL ANILLO INTERNO MÁS GRUESO, QUE TIENE EL EXTREMO CERRADO, DEBE IR DENTRO DE LA VAGINA; aprieta los costados del anillo para colocarlo lo más profundo que puedas. El otro anillo debe quedar por la parte exterior, cubriendo la vagina.

....

5 ASEGÚRATE DE QUE EL CONDÓN NO ESTÉ TORCIDO.

....

6 MANTÉN EL CONDÓN ABIERTO MIENTRAS SE INTRODUCE EL PENE o juguete sexual para asegurar que no se vaya de ladito.

....

7 AL TERMINAR, APRIETA EL LADO EXTERNO PARA MANTENER EL SEMEN DENTRO DEL CONDÓN, retíralo suavemente de tu vagina para no derramar nada y arrójalo a la basura.

MÉTODOS HORMONALES

PASTILLAS ANTICONCEPTIVAS

Las píldoras anticonceptivas son un método hormonal que solo evita el embarazo. Sus hormonas detienen la ovulación, pero no te protegen de las ITS ni del VIH, así que asegúrate de usar condón, ya sea externo (el que va sobre un pene) o interno (el que va en la vagina), si no sabes sobre la salud sexual de tu pareja. **Las pueden usar adolescentes y personas antes del primer embarazo, entre un embarazo y otro o después de un aborto.**

TIENEN UNA EFECTIVIDAD DE 90-99% TOMÁNDOLAS DIARIAMENTE Y DE PREFERENCIA A LA MISMA HORA, YA QUE LA CARGA HORMONAL DURA UN DÍA Y ESTO AUMENTA SU EFECTIVIDAD.

TOMAR LAS PASTILLAS TIENE ALGUNAS VENTAJAS, como regularizar el periodo, aliviar los cólicos menstruales y el SPM. Algunas pueden ayudar a prevenir el acné, la deficiencia de hierro, quistes en los senos o en los ovarios.

ES IMPORTANTE NUNCA OLVIDAR TOMARLA; en caso de que ocurra, debes seguir las instrucciones de la cajita al pie de la letra y llamar a tu ginecólogx.

LA FERTILIDAD REGRESA TAN PRONTO DEJES DE TOMARLAS.

(para saber más sobre el síndrome premenstrual, ve al capítulo 2).

ALGUNOS EFECTOS SECUNDARIOS DE USAR PASTILLAS ANTICONCEPTIVAS EN ALGUNAS PERSONAS PUEDEN SER: tener sangrado o manchado entre periodos, sensibilidad en las bubis, dolor de cabeza, aumento de peso, cambios repentinos de humor, pérdida del deseo sexual o disminución en su libido.

CAMBIOS DE HUMOR

SI TIENES MOLESTIAS POR MÁS DE TRES MESES ES IMPORTANTE CAMBIAR TU MÉTODO ANTICONCEPTIVO POR OTRO QUE SEA MEJOR PARA TI.

- -

INYECTABLES

Otro método de este tipo son las hormonas inyectables que detienen la ovulación.

Existen dos tipos, la mensual y la trimestral. La mensual contiene dos hormonas combinadas (estrógeno y progesterona); la trimestral solo contiene progestina, y se recomiendan para mayores de 18 añitos.

ESTE RECURSO SOLO FUNCIONA SI LO COLOCAS A TIEMPO; UNA VEZ INTERRUMPIDO SU USO, TU FERTILIDAD REGRESA.

NO TE PROTEGE CONTRA UNA ITS O VIH, PERO PUEDES USAR CONDÓN EXTERNO O INTERNO PARA PREVENIRLOS.

AL USAR LA INYECCIÓN ANTICONCEPTIVA, muchas personas pueden experimentar náuseas, aumento de peso, sensibilidad en los senos o depresión.

TAMBIÉN PUEDES TENER CAMBIOS EN LA MENSTRUACIÓN, como sangrar más días de los normales o tener manchado entre periodos.

EN ALGUNAS PERSONAS EL PERIODO DESAPARECE, PERO AL DEJAR DE INYECTARLA TODOS ESTOS EFECTOS SECUNDARIOS DESAPARECEN EN UN PAR DE MESES.

IMPLANTE SUBDÉRMICO

¡AQUÍ VA!

Es otro método hormonal: una varilla de plástico pequeña, del tamaño de un cerillo aproximadamente, que poco a poco libera una hormona que evita la ovulación. **La varilla se inserta en el brazo debajo de la piel, su aplicación y retiro deben realizarse por un especialista.**

LO PUEDEN USAR MAYORES DE 15 AÑOS CON UN PESO MENOR A 90 KG, YA QUE AL USARLO PUEDES LLEGAR A SUBIR HASTA DIEZ KILOS.

TIENE UNA EFECTIVIDAD DE 78-98% Y DURA TRES AÑOS

SOLO TE PROTEGE DE UN EMBARAZO NO PLANIFICADO, PERO NO CONTRA ITS O VIH, así que se recomienda usar condón externo o interno también para cuidarte.

EL IMPLANTE TIENE HORMONAS QUE PUEDEN CAUSAR EFECTOS SECUNDARIOS, AUNQUE NO AFECTAN A TODAS LAS PERSONAS QUE LO USAN. El más común es el manchado, un sangrado vaginal ligero color café que aparece por largo tiempo. Otro es que los periodos menstruales se vuelven más largos y abundantes, aunque hay otras personas a las que no les baja al usar el implante. Otros efectos secundarios son dolores de cabeza, dolor en las bubis, náuseas, aumento de peso o quistes en los ovarios.

PARCHE ANTICONCEPTIVO

Es un anticonceptivo hormonal, un parche adhesivo de unos 4.5 centímetros que se coloca sobre la piel. Puedes ponerlo sobre las pompis, la parte superior de tu espalda, el brazo o el abdomen.

SE CAMBIA CADA SEMANA Y UN TOTAL DE TRES VECES AL MES,

PORQUE DURANTE TU PERIODO NO LO DEBES USAR.

TIENE UNA EFECTIVIDAD DE 99%

PERO SOLO TE PROTEGE CONTRA UN EMBARAZO NO PLANIFICADO, NO CONTRA VIH O ALGUNA ITS, ASÍ QUE USA CONDÓN SI NO SABES SOBRE LA SALUD SEXUAL DE TU PAREJA.

EFECTOS SECUNDARIOS QUE ALGUNAS PERSONAS SUELEN PADECER: manchado entre periodos, náuseas, dolor de cabeza y bubis. Si estos síntomas no se van en los primeros tres a seis meses, puedes cambiar de anticonceptivo por algún otro.

DIU

El dispositivo intrauterino es un pequeño plástico que se introduce y permanece en el útero. Debe insertarse durante tu periodo menstrual, ya que el cuello uterino se encuentra abierto, de lo contrario puede causar desgarre y mucho dolor.

HAY DOS TIPOS DISPONIBLES: EL DE HORMONAS Y EL DE COBRE

AMBOS TIENEN FORMA DE T, Y EFECTIVIDAD DE 99%. ES UNA DE LAS MEJORES MANERAS DE EVITAR UN EMBARAZO NO PLANIFICADO,

PERO NO TE PROTEGE CONTRA ITS O VIH,

ASÍ QUE TRATA DE USAR CONDÓN INTERNO O EXTERNO PARA CUIDARTE.

DIU HORMONAL

Usa la progestina para prevenir embarazos no planificados. También ayuda a tratar con los periodos dolorosos y abundantes.

El DIU hormonal mantiene a los espermas lejos del óvulo de dos maneras:

* Hace que el moco que produce tu cuello uterino se vuelva más espeso, bloqueando el esperma para que no llegue al óvulo.

* Las hormonas del DIU pueden evitar que los óvulos salgan del ovario.

Los DIU hormonales pueden aliviar cólicos menstruales y el síndrome premenstrual (SPM). También provocan que los periodos sean más ligeros e incluso a algunas personas les deja de bajar; esto es totalmente normal y seguro, pero es importante platicarlo con tu ginecólogx. **Hay quienes llegan a usarlo para aliviar los periodos abundantes o dolorosos,** para tratar algunos síntomas de endometriosis o porque no quieren que les baje mes con mes.

Estos efectos secundarios por lo general desaparecen entre los primeros tres a seis meses, una vez que tu útero se acostumbra al dispositivo. Para algunas, usarlo no causa ningún problema. También puede provocar dolor de cabeza, acné, sensibilidad en las bubis o cambios de humor, al igual que todos los anticonceptivos hormonales.

Algunos efectos secundarios son:

* Dolor cuando se inserta el DIU, o cólicos y dolor de espalda algunos días después de la inserción.
* Manchado entre periodos.
* Periodos irregulares.

DIU DE COBRE

El dispositivo de cobre dura muchos años, entre diez y 12, pero no tienes que usarlo todo ese tiempo: puedes pedir que se retire cuando desees.

NO CONTIENE HORMONAS, ES UNA PIEZA DE PLÁSTICO BAÑADA EN COBRE que cambia la manera en la que se mueven los espermatozoides para que no lleguen al óvulo.

NO AFECTA LAS RELACIONES SEXUALES, ni periodos menstruales, puedes utilizar tampón o copa menstrual sin problema.

LA INSERCIÓN PUEDE SER DOLOROSA O INCÓMODA, SIMILAR A LOS CÓLICOS FUERTES.

ALGUNAS PERSONAS PUEDEN TENER EFECTOS SECUNDARIOS, COMO SANGRADO ABUNDANTE DESPUÉS DE LA INSERCIÓN, especialmente durante los primeros tres a seis meses. Si los cólicos o el sangrado duran más de ese tiempo acude con tu ginecólogx.

NOTA: El DIU de cobre puede servir como un dispositivo de emergencia si se coloca hasta cinco días después de haber tenido relaciones sexuales sin protección.

Recuerda que el DIU debe ser introducido por un doctor o enfermerx. Si lo necesitas como método anticonceptivo trata de hacerlo lo más pronto posible.

MÉTODOS DEFINITIVOS

OCLUSIÓN TUBARIA BILATERAL

Se trata de un método definitivo. Consiste en la esterilización femenina y no previene ITS o VIH, por lo que es importante usar condón para no contraer alguna infección o enfermedad.

EL PROCEDIMIENTO IMPLICA CERRAR LAS TROMPAS DE FALOPIO, lo cual evita que el óvulo se desplace por ahí para llegar al útero e impide que un espermatozoide llegue a este.

LA ESTERILIZACIÓN NO AFECTA EL CICLO MENSTRUAL, tu ciclo hormonal no cambia y después de hacerla seguirás teniendo tu periodo, solo que no podrás quedar embarazada.

LIGADURAS

LUEGO DE CORTARLAS, LA LIGADURA DE LAS TROMPAS PUEDE REALIZARSE DE DISTINTAS FORMAS, ya sea con ataduras, bandas o grapas, o bien, se cauterizan por medio de corriente eléctrica.

CAUTERIZACIÓN

ENGRAPADO

ESTE PROCEDIMIENTO QUIRÚRGICO DEBE PRACTICARSE EN UN QUIRÓFANO Y EMPLEAR ANESTESIA;

ES EFICAZ DE INMEDIATO, PERO IGUAL DEBES SEGUIR UTILIZANDO CONDÓN PARA PREVENIR EL CONTAGIO DE VIH O ALGUNA ITS.

ALGUNOS EFECTOS SECUNDARIOS pueden ser aumento de peso o contraer diabetes, pero por lo general no conlleva muchas consecuencias, no afecta tu vida sexual, tiene efecto protector contra el cáncer de ovario y la recuperación después de la cirugía es rápida, siete días aproximadamente.

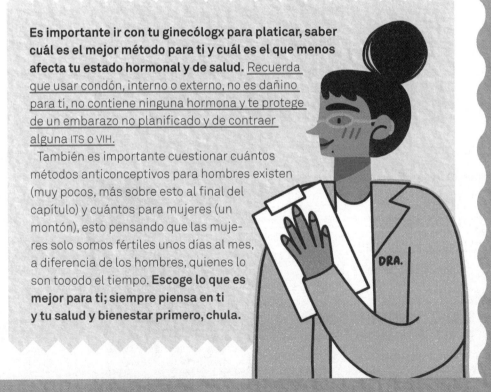

Es importante ir con tu ginecólogx para platicar, saber cuál es el mejor método para ti y cuál es el que menos afecta tu estado hormonal y de salud. Recuerda que usar condón, interno o externo, no es dañino para ti, no contiene ninguna hormona y te protege de un embarazo no planificado y de contraer alguna ITS o VIH.

También es importante cuestionar cuántos métodos anticonceptivos para hombres existen (muy pocos, más sobre esto al final del capítulo) y cuántos para mujeres (un montón), esto pensando que las mujeres solo somos fértiles unos días al mes, a diferencia de los hombres, quienes lo son tooodo el tiempo. **Escoge lo que es mejor para ti; siempre piensa en ti y tu salud y bienestar primero, chula.**

CUANDO EL CONDÓN FALLA

Es algo que puede pasarle a cualquiera: ya sea que se rompa, se quede adentro de la vagina o usar alguno caducado. Lo más importante es respirar y guardar la calma. El condón puede fallar por varias situaciones, acá algunas cosas que pueden suceder y cómo actuar.

¿POR QUÉ SE PUEDE LLEGAR A ROMPER EL CONDÓN?

SI ABRES EL EMPAQUE CON LOS DIENTES O UÑAS FILOSAS, ya que puedes perforarlo con ellos.

SI ESTÁ CADUCADO, no funcionará como debe y se romperá.

SI FALTA LUBRICACIÓN, la fricción puede hacer que se rompa.

SI USAS LUBRICANTES A BASE DE ACEITE; se recomienda usar lubricantes a base de agua o silicón, ya que estos no deterioran el látex.

SI LO GUARDAS EN LA CARTERA, ya que puede deteriorarse debido a los roces constantes y al aumento de temperatura; lo mismo ocurre si lo guardas en el bolsillo trasero del pantalón, ya que puede desgastarse y esto hará que se rompa más fácilmente.

SI ESTÁ MAL COLOCADO; para ello, recuerda no estirarlo antes de ponerlo sobre el pene, ya que se puede quedar aire dentro y esto provocará que se rompa. (Lee la guía del capítulo 6 sobre cómo poner un condón de manera correcta).

¿QUÉ HACER SI SE ROMPE?

SIEMPRE, AL FINALIZAR UNA RELACIÓN SEXUAL,

ES BIEN IMPORTANTE CHECAR EL CONDÓN PARA ASEGURARSE DE QUE NO TENGA FUGAS.

DEJA UN POCO DE AIRE DENTRO DEL CONDÓN, O INTRODUCE UN POCO DE AGUA, haz un nudo en la parte superior y, para estar segurxs, empuja con tus dedos el aire hacia la punta. Ahora, checa si no se sale por ningún lado.

AL TERMINAR DE USARLO, O CUANDO TU PAREJA EYACULE, RETÍRALO CON CUIDADO, EVITANDO QUE EL SEMEN SE DERRAME DENTRO, Y SOSTENLO POR LA PARTE ABIERTA.

SIEMPRE CHECAR POSIBLES FUGAS

Si notas fugas o que está roto, lo primero que debes hacer es guardar la calma. Tranquila. Ahora, pon manos a la obra: verifica si estás en tus días fértiles;

ES IMPORTANTE TOMAR LA PASTILLA DEL DÍA SIGUIENTE, un método anticonceptivo que solo se usa en emergencias para prevenir un embarazo no deseado.

HABLA CON TU GINECÓLOGX, PREGÚNTALE SI, EN LUGAR DE TOMAR LA PASTILLA DEL DÍA SIGUIENTE, RECOMIENDA QUE TE PONGAS EL DIU DE COBRE, QUE TAMBIÉN PUEDE FUNCIONAR COMO ANTICONCEPTIVO DE EMERGENCIA.

OJO: En caso de no saber sobre la salud sexual de tu pareja, es importante realizar pruebas de ITS y VIH.

PASTILLA DE EMERGENCIA

LA PASTILLA DE EMERGENCIA ES SUMAMENTE EFICAZ.

ALGUNOS EFECTOS SECUNDARIOS que puede provocar la pastilla son náuseas o vómito; si se presenta vómito en las dos horas siguientes a la ingesta, deberás repetir la toma. Puedes presentar también dolor de cabeza, dolor en las bubis, mareo o fatiga. Por lo general, la menstruación llega dentro de los siguientes siete días posteriores a tomar la pastilla.

PUEDES TOMARLA DENTRO DE LAS PRIMERAS 72 HORAS Y HASTA CINCO DÍAS DESPUÉS DE QUE HAYA FALLADO EL CONDÓN O TU MÉTODO ANTICONCEPTIVO.

SIN EMBARGO, LA EFECTIVIDAD ES MAYOR ENTRE MÁS RÁPIDO LA TOMES, así que procura hacerlo dentro de las primeras 12-24 horas.

RECUERDA QUE LA PASTILLA DE EMERGENCIA NO ES UN MÉTODO ANTICONCEPTIVO, así que no debes tomarla muchas veces (no más de una vez por ciclo) ya que su efecto se puede perder, y los efectos secundarios son mayores a los de otros métodos anticonceptivos.

SI NO TE BAJA, LO MEJOR ES REALIZARTE UNA PRUEBA DE EMBARAZO PARA CONFIRMAR, O VISITAR A TU GINECÓLOGX.

LO MEJOR ES ACUDIR CON TU GINECÓLOGX PARA QUE, DE ACUERDO CON TUS NECESIDADES PERSONALES, EXPECTATIVAS SOBRE LA REPRODUCCIÓN Y TU SALUD, TE INDIQUE CUÁL ES EL MEJOR ANTICONCEPTIVO PARA TI.

¿QUÉ HACER CUANDO EL CONDÓN SE QUEDA DENTRO?

EL PRESERVATIVO PUEDE QUEDARSE DENTRO DE LA VAGINA POR VARIAS RAZONES:

ESPEJO

QUE LA OTRA PERSONA PIERDA LA ERECCIÓN, USAR EL TAMAÑO INCORRECTO DEL CONDÓN EXTERNO (SI ES DEMASIADO PEQUEÑO PODRÍA ROMPERSE, O SI LE QUEDA MUY GRANDE PODRÍA RESBALARSE O DERRAMAR FLUIDOS), ETCÉTERA.

Para saber cuál es el adecuado es importante saber la medida de su pene; están los condones básicos que son para penes con medidas estándar (13.5 cm aprox.). Si el pene de tu pareja es más pequeño pueden buscar condones que sean una talla menos a los estándar, y si es más grande buscar unos de talla más grande a los estándar.

EN EL EMPAQUE SUELE DECIR «AJUSTE MÁS CÓMODO» O «TALLA GRANDE», SIEMPRE CHECA ANTES DE COMPRARLOS.

TAMBIÉN SE PUEDE QUEDAR ADENTRO

POR LAS CONTRACCIONES DE LA MUSCULATURA VAGINAL Y EL SUELO PÉLVICO, O POR HABERLO PUESTO MAL.

LUBE AGUA

SI LLEGA A PASAR, ES IMPORTANTE RESPIRAR; PONERTE NERVIOSA PUEDE SER CONTRAPRODUCENTE, ya que estresarte hace que los músculos vaginales se contraigan, dificultando un poco la extracción. Lava bien tus manitas y ponte en cuclillas; usando tus dedos índice y pulgar (y, si lo deseas, un poco de lubricante) intenta buscar el condón dentro de tu vagina. Si logras localizarlo sácalo con cuidado. Tranquila, tómate tu tiempo para hacerlo.

PON UN POQUITO DE LUBRICANTE EN TUS DEDOS

EN CASO DE QUE NO PUEDAS SACARLO, ES IMPORTANTE ACUDIR CON TU GINECÓLOGX. NO INTRODUZCAS NINGÚN TIPO DE PINZAS PARA REMOVERLO, YA QUE PODRÍAS CAUSARTE LESIONES EN LAS PAREDES VAGINALES.

¿CUÁLES SON LOS MÉTODOS ANTICONCEPTIVOS PARA HOMBRES?

Ya han pasado más de seis décadas desde que se lanzó la primera pastilla para la mujer y, sin embargo, solo hay dos métodos anticonceptivos para los hombres y personas con pene: **el condón y la vasectomía.**

EL CONDÓN ES UN MÉTODO ANTICONCEPTIVO BARATO, QUE NO SOLO TE PROTEGE DE UN EMBARAZO NO PLANIFICADO SINO TAMBIÉN DE LAS ITS, ¡ES GENIAL! **DEL CONDÓN YA HABLAMOS UN MONTÓN, ASÍ QUE ME CONCENTRARÉ EN LA VASECTOMÍA.**

¡ÚSAME MÁS, WEE!

LA VASECTOMÍA SIN BISTURÍ SE REALIZA CON ANESTESIA LOCAL Y PUEDE SER REVERSIBLE.

CONSISTE EN HACER UN ORIFICIO MUY PEQUEÑO PARA EXTRAER LOS CONDUCTOS POR DONDE PASAN LOS ESPERMAS.

Para revertirla, se vuelve a conectar cada tubo que transporta los espermatozoides de los testículos al semen; dependiendo del procedimiento, el hombre puede o no ser fértil otra vez.

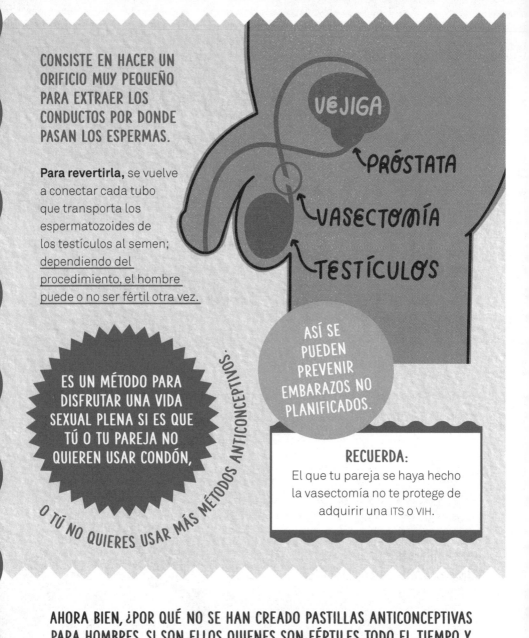

VEJIGA

PRÓSTATA

VASECTOMÍA

TESTÍCULOS

ES UN MÉTODO PARA DISFRUTAR UNA VIDA SEXUAL PLENA SI ES QUE TÚ O TU PAREJA NO QUIEREN USAR CONDÓN, O TÚ NO QUIERES USAR MÁS MÉTODOS ANTICONCEPTIVOS.

ASÍ SE PUEDEN PREVENIR EMBARAZOS NO PLANIFICADOS.

RECUERDA:
El que tu pareja se haya hecho la vasectomía no te protege de adquirir una ITS o VIH.

AHORA BIEN, ¿POR QUÉ NO SE HAN CREADO PASTILLAS ANTICONCEPTIVAS PARA HOMBRES, SI SON ELLOS QUIENES SON FÉRTILES TODO EL TIEMPO Y LAS MUJERES SOLO UNOS DÍAS AL MES?

ES CLARO QUE NO SE TRATA DE UN TEMA CIENTÍFICO, SINO DE UN TEMA DE GÉNERO: LA RESPONSABILIDAD ANTICONCEPTIVA SE PUSO TOTALMENTE EN MANOS DE LAS MUJERES.

Se han hecho exámenes en hombres utilizando las mismas hormonas que contienen las píldoras anticonceptivas femeninas; los resultados indicaron que había síntomas como acné y cambios en el estado de ánimo, entre otros. Al encontrarlos demasiados severos se canceló la investigación, aunque estos efectos en realidad son menores a los que los anticonceptivos provocan en las mujeres.

PRUEBA DE PASTILLA PARA HOMBRES

¿TE PARECE JUSTO METER GRANDES CANTIDADES DE HORMONAS EN TU CUERPX MES CON MES?

¿POR QUÉ ALGUNOS HOMBRES AÚN INSISTEN EN NO USAR CONDÓN?

¿CREES QUE ES UNA RESPONSABILIDAD QUE DEBERÍA SER COMPARTIDA CON TU PAREJA?

¿WTF?

¿POR QUÉ NO ACCEDEN A HACERSE LA VASECTOMÍA?

ES IMPORTANTE EMPEZAR A CUESTIONAR EL PESO QUE RECAE EN LAS MUJERES EN CUANTO A LA ANTICONCEPCIÓN, ASÍ COMO LA CARGA FINANCIERA Y DE SALUD RELACIONADAS CON ELLA.

ITS

¿QUÉ SON?

Son infecciones de transmisión sexual provocadas por bacterias, virus o parásitos. Se pueden contagiar de una persona a otra durante el sexo vaginal, anal u oral. Algunas pueden no presentar síntomas, por lo cual es importante hacerte pruebas al menos una vez al año sin importar si muestras síntomas o no. Si entras en contacto con los fluidos de tu pareja y ninguno sabe sobre su salud sexual, se recomienda hacerte pruebas de inmediato o siguiendo las instrucciones de tu médicx. **Todo esto es para cuidarte, y cuidar de tu salud sexual.**

ALGUNAS DE LAS ITS MÁS COMUNES DE CONTRAER SON:

✳ CLAMIDIA

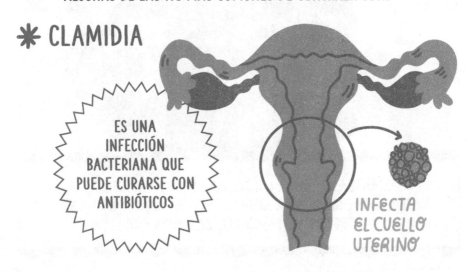

ES UNA INFECCIÓN BACTERIANA QUE PUEDE CURARSE CON ANTIBIÓTICOS

INFECTA EL CUELLO UTERINO

La mayoría de las personas no tiene síntomas, la bacteria se encuentra en los flujos vaginales o en el esperma o líquido preeyaculatorio. La clamidia puede infectar el cuello uterino, vagina, ano, pene, uretra, ojos, garganta y boca. **Si no recibes tratamiento, puede ocasionar grandes problemas a tu salud a largo plazo:** es posible que se propague hacia tu útero y las trompas uterinas, que provoque una enfermedad inflamatoria o una infección grave en los órganos reproductores; también provoca infertilidad.

¡ÚSAME!

PUEDES EVITAR CONTAGIARTE USANDO CONDÓN O BARRERAS BUCALES DE LÁTEX cuando tengas relaciones sexuales, ya sea vaginales, anales u orales.

✳ GONORREA

ES UNA INFECCIÓN BACTERIANA QUE SE PUEDE CURAR CON ANTIBIÓTICOS Y LA MAYORÍA DE LAS PERSONAS NO PRESENTA SÍNTOMAS.

La bacteria se encuentra en los fluidos vaginales, en el semen o líquido preeyaculatorio, e infecta la vagina, el cuello uterino, la uretra, el ano y el pene. Es poco común en los ojos o la garganta, aunque puede suceder, y se transmite aunque el pene no entre completamente en la vagina o en el ano. También puedes contagiarte si tus manos entran en contacto con los fluidos y tocas tus ojos. No se contagia de manera «casual», o sea, si compartes comidas, bebidas, ni por dar unos becerros (besitos).

Es importante realizar pruebas de ITS; entre más rápido te trates mejor será, ya que si esperas podrías tener mayores problemas en el futuro.

PUEDES PREVENIR LA GONORREA USANDO CONDÓN Y BARRERAS BUCALES DE LÁTEX

(para la guía de cómo hacer las propias ve al capítulo 6).

✳ HEPATITIS B

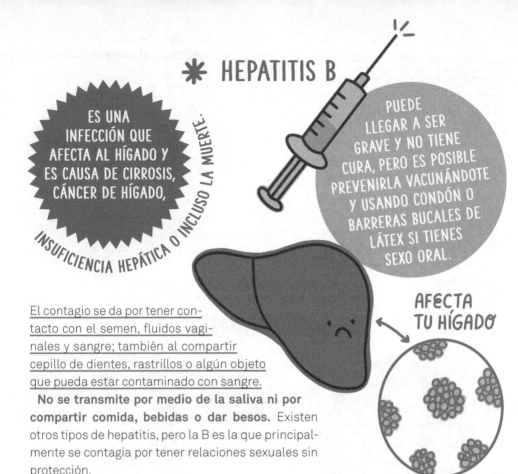

ES UNA INFECCIÓN QUE AFECTA AL HÍGADO Y ES CAUSA DE CIRROSIS, CÁNCER DE HÍGADO, INSUFICIENCIA HEPÁTICA O INCLUSO LA MUERTE.

PUEDE LLEGAR A SER GRAVE Y NO TIENE CURA, PERO ES POSIBLE PREVENIRLA VACUNÁNDOTE Y USANDO CONDÓN O BARRERAS BUCALES DE LÁTEX SI TIENES SEXO ORAL.

AFECTA TU HÍGADO

El contagio se da por tener contacto con el semen, fluidos vaginales y sangre; también al compartir cepillo de dientes, rastrillos o algún objeto que pueda estar contaminado con sangre. **No se transmite por medio de la saliva ni por compartir comida, bebidas o dar besos.** Existen otros tipos de hepatitis, pero la B es la que principalmente se contagia por tener relaciones sexuales sin protección.

✳ HERPES

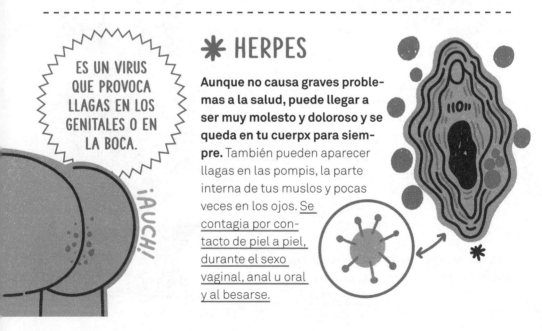

ES UN VIRUS QUE PROVOCA LLAGAS EN LOS GENITALES O EN LA BOCA.

¡AUCH!

Aunque no causa graves problemas a la salud, puede llegar a ser muy molesto y doloroso y se queda en tu cuerpx para siempre. También pueden aparecer llagas en las pompis, la parte interna de tus muslos y pocas veces en los ojos. Se contagia por contacto de piel a piel, durante el sexo vaginal, anal u oral y al besarse.

MUCHAS PERSONAS NO PRESENTAN LLAGAS, **POR LO QUE NO SABEN QUE ESTÁN INFECTADAS, Y AUNQUE NO TIENE CURA,** PUEDES TOMAR MEDICAMENTOS PARA ALIVIAR LOS SÍNTOMAS, HACER MENOS PROPENSO EL CONTAGIO Y PODER LLEVAR UNA VIDA Y RELACIONES SEXUALES SANAS.

LO VOY A REPETIR: ES IMPORTANTE HACERSE PRUEBAS DE ITS PARA DESCARTAR QUE TENGAS ALGUNA INFECCIÓN.

ES UNA INFECCIÓN BACTERIANA QUE SE PUEDE CURAR CON ANTIBIÓTICOS.

AL NO TRATARLA PODRÍA LLEGAR A PROVOCAR DAÑO PERMANENTE.

Se transmite a través del sexo vaginal, anal y oral si no se usa protección, e infecta la vagina, el ano, el pene o el escroto, y en algunas ocasiones la boca y los labios.

✳ SÍFILIS

CHANCRO

En la primera etapa algunas personas presentan llagas en el área genital, llamadas chancros; por lo general no son dolorosas, pero transmiten fácilmente la infección a otras personas al entrar en contacto con ella. **En la segunda etapa suele presentarse sarpullido en las palmas de las manos,** pies u otras partes del cuerpx. Es relativamente fácil de curar durante las etapas iniciales, por eso (va de nuevo, ni modo) es importante hacerse exámenes de ITS y tratarla a tiempo. Sin tratamiento puede causar problemas a tu salud como daño cerebral, parálisis y ceguera.

PUEDES PREVENIR LA SÍFILIS USANDO CONDÓN O BARRERAS BUCALES CADA VEZ QUE HAGAS EL DELICIOSO.

SARPULLIDO

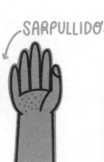

✳ VIRUS DEL PAPILOMA HUMANO (VPH)

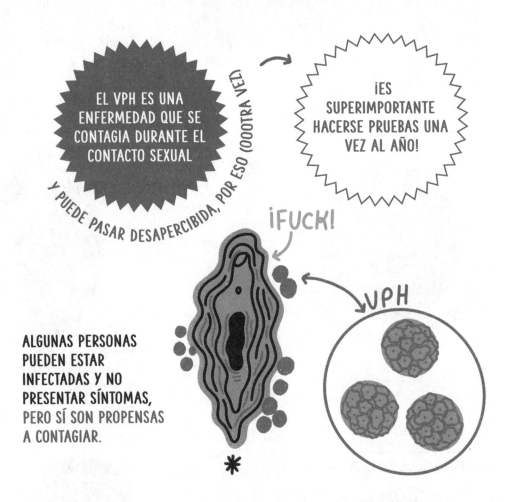

EL VPH ES UNA ENFERMEDAD QUE SE CONTAGIA DURANTE EL CONTACTO SEXUAL

Y PUEDE PASAR DESAPERCIBIDA, POR ESO (OOOTRA VEZ)

¡ES SUPERIMPORTANTE HACERSE PRUEBAS UNA VEZ AL AÑO!

¡FUCK!

VPH

ALGUNAS PERSONAS PUEDEN ESTAR INFECTADAS Y NO PRESENTAR SÍNTOMAS, PERO SÍ SON PROPENSAS A CONTAGIAR.

EXISTEN MÁS DE DOSCIENTOS TIPOS DE VPH; algunos son inofensivos y desaparecen solos, mientras que otros pueden provocar verrugas genitales o cáncer. Alrededor de unos cuarenta pueden infectar tu área genital, la vulva, la vagina, el cuello uterino, el recto, el ano, el pene y el escroto, así como la boca y la garganta.

Las verrugas son provocadas por un tipo de VPH de bajo riesgo, y aunque son algo molestas no conllevan riesgo de cáncer ni otros problemas graves a tu salud y se pueden tratar. Se contagian al entrar en contacto con la piel de una persona infectada, a menudo durante el sexo oral, vaginal o anal, incluso si no hay penetración o eyaculación. Las verrugas, que pueden ser una o varias; pueden ser de distintos tamaños y tener un color blanquecino o del mismo tono de la piel; provocan picazón, pero la mayoría de las veces no duelen.

SI DESCUBRES ALGUNA VERRUGA ES IMPORTANTE HACERTE PRUEBAS Y TRATARTE PARA NO CONTAGIAR A TU PAREJA; POR OTRO LADO, SI NOTAS VERRUGAS EN EL PENE, EL ESCROTO O EL ANO DE TU PAREJA ES IMPORTANTE NO TENER RELACIONES SEXUALES CON ELLA HASTA QUE SE TRATE, YA QUE CON EL SIMPLE TACTO SE PUEDEN CONTAGIAR. EN PERSONAS CON VPH LAS VERRUGAS PUEDEN TARDAR HASTA MESES O AÑOS EN APARECER, POR ESO A VECES ES DIFÍCIL SABER QUE TE CONTAGIASTE O INCLUSO QUIÉN TE CONTAGIÓ.

SIN EMBARGO, AL MENOS UNA DOCENA DE TIPOS DE VPH PUEDE OCASIONAR CÁNCER; a estos se les considera de alto riesgo y suelen asociarse mucho con el cáncer cervical, el segundo más común entre mujeres en el mundo. También pueden generar cáncer en la vulva, la vagina, el pene, el ano, la boca y la garganta.

¡VACÚNATE!

EXISTEN VACUNAS QUE PROTEGEN CONTRA EL VPH, SEA DE ALTO O BAJO RIESGO, Y SE PUEDE APLICAR TANTO A MUJERES COMO A HOMBRES.

ES SUPERIMPORTANTE USAR SIEMPRE CONDÓN. SOBRE TODO SI NO SABES ACERCA DE LA SALUD SEXUAL DE TU PAREJA, CHULA.

TAMBIÉN DEBES REALIZARTE UN EXAMEN DE PAPANICOLAU PERIÓDICAMENTE, EL CUAL PUEDE AYUDAR PREVENIR EL DESARROLLO DEL CÁNCER CERVICAL. CUÍDATE MUCHO, ÁMATE MUCHO.

✳ VIH

EL VIH (VIRUS DE LA INMUNODEFICIENCIA HUMANA) ES UN VIRUS QUE DESTRUYE LAS CÉLULAS DEL SISTEMA INMUNOLÓGICO: LAS DEFENSAS DEL CUERPX QUE NOS AYUDAN A MANTENERNOS SANOS.

Cuando el VIH daña tu sistema inmunológico es más fácil que enfermes de gravedad, o que incluso mueras a causa de una infección que tu cuerpx podría combatir normalmente.

OJO: El virus del VIH causa el Síndrome de inmunodeficiencia adquirida (sida), pero las personas que tienen VIH no siempre tienen sida. El sida es la enfermedad causada por el VIH cuando este no se trata. El tratamiento hace que el daño que causa el virus del VIH sea más lento, ayudando a las personas a estar sanas por años.

Algunas personas con VIH pueden no presentar síntomas, pero una vez que te infectas, el virus se queda en tu cuerpx de por vida. **No existe cura para el VIH, pero hay medicamentos que te ayudan a que te mantengas saludable y disminuyen las posibilidades de contagiar a otras personas.**

Al contraer VIH puede que en las primeras semanas sientas fiebre, dolor y malestar.

A VECES LOS SÍNTOMAS TARDAN EN MANIFESTARSE, por lo que la única manera de saber si tienes VIH es hacerte la prueba rápidamente si tuviste sexo sin protección o se rompió el condón. Son rápidas, indoloras y, en algunas clínicas, gratis.

¿DUDAS?
¿CHISMES?

SEXO ORAL,

¿CON O SIN CONDÓN?

Tener sexo seguro es importante, ayuda a prevenirte de contraer VIH o alguna ITS, sobre todo si no sabes sobre la salud sexual de tu pareja. Usar condón o una barrera bucal durante el sexo oral ayuda a evitar el contacto genital y compartir fluidos directamente, ya que este es el principal modo de contagio. Muchas parejas optan por no usar condón; esta decisión es bajo la responsabilidad de ambos, nadie puede obligarte a no usar protección.

SI DECIDEN NO HACERLO, ES BUENO HACERSE PRUEBAS PARA SABER QUE AMBOS ESTÁN SANOS Y PUEDAN PRACTICAR EL SEXO ORAL LIBREMENTE Y SIN PREOCUPACIÓN ALGUNA.

ETS E ITS,

¿CÚAL ES LA DIFERENCIA?

Básicamente una ETS (enfermedad de transmisión sexual) e ITS (infección de transmisión sexual) son lo mismo, solo que las ITS son un término mucho más amplio porque la infección puede ser asintomática.

MUCHAS PERSONAS NO DESARROLLAN SÍNTOMAS CUANDO TIENEN INFECCIONES COMO EL HERPES O EL VPH DURANTE MESES O AÑOS. SE LES DESCRIBE COMO ENFERMEDADES CUANDO LOS SÍNTOMAS COMIENZAN A MANIFESTARSE.

¡ÚSAME!

¿QUÉ PASA SI TIENES MÚLTIPLES PAREJAS?

No pasa nada, aquí lo más importante es cuidar tu salud sexual: siempre usar condón, ya sea para tener sexo anal, vaginal u oral, y, si lo deseas, usar también algún método hormonal para prevenir un embarazo no planificado. Claro, también debes hacerte chequeos por lo menos una vez al año, o si el preservativo falla.

RECUERDA QUE ERES LIBRE DE DISFRUTAR TU SEXUALIDAD COMO MÁS TE GUSTE, PERO ES IMPORTANTE CUIDAR DE TU SALUD.

MANO SÉATE TODITA

Manosearte es algo normal, sano y bonito. Te permite conocerte, saber qué te gusta y qué no. Es una forma segura de tener un orgasmo sin embarazarte o contraer alguna ITS, y es algo que puedes disfrutar tengas o no pareja, así que siéntete libre de manosearte.

PERO ¿CÓMO EMPIEZO?, ¿QUÉ ME MANOSEO?, ¿CÓMO LO HAGO?
COMIENZA DESCUBRIENDO CUÁLES SON TUS ZONAS ERÓGENAS.

¿CUÁLES SON MIS ZONAS ERÓGENAS?

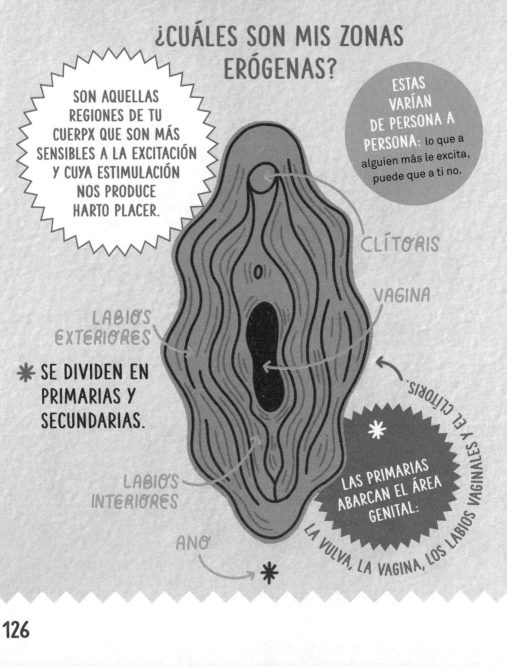

SON AQUELLAS REGIONES DE TU CUERPX QUE SON MÁS SENSIBLES A LA EXCITACIÓN Y CUYA ESTIMULACIÓN NOS PRODUCE HARTO PLACER.

ESTAS VARÍAN DE PERSONA A PERSONA: lo que a alguien más le excita, puede que a ti no.

CLÍTORIS

VAGINA

LABIOS EXTERIORES

* SE DIVIDEN EN PRIMARIAS Y SECUNDARIAS.

LABIOS INTERIORES

ANO

LAS PRIMARIAS ABARCAN EL ÁREA GENITAL:

* LA VULVA, LA VAGINA, LOS LABIOS VAGINALES Y EL CLÍTORIS.

126

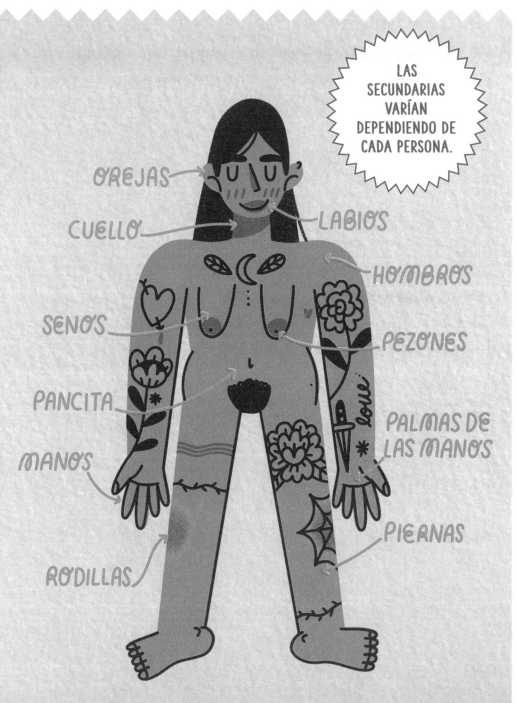

ES MUY IMPORTANTE DESCUBRIR CUÁLES SON LAS ZONAS ERÓGENAS DE TU CUERPX CHULX A TRAVÉS DE LA AUTOEXPLORACIÓN. Las yemas de tus dedos tienen mucha sensibilidad, lo que nos permite captar mayores sensaciones cuando nos tocamos.

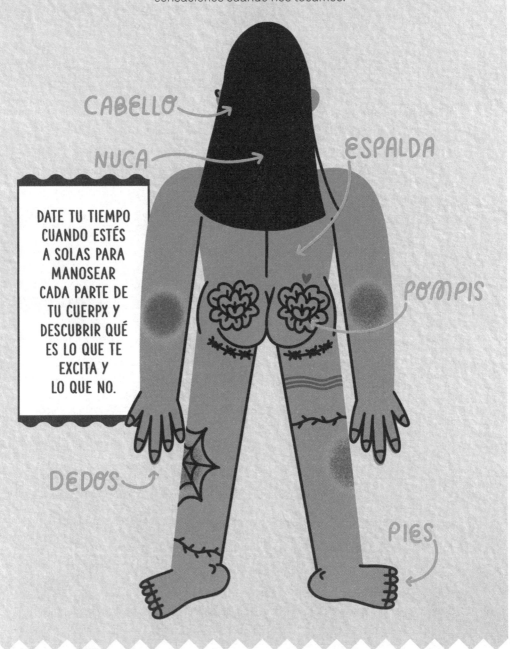

CABELLO

NUCA

ESPALDA

POMPIS

DATE TU TIEMPO CUANDO ESTÉS A SOLAS PARA MANOSEAR CADA PARTE DE TU CUERPX Y DESCUBRIR QUÉ ES LO QUE TE EXCITA Y LO QUE NO.

DEDOS

PIES

EL CLÍTORIS

¿QUÉ ES?

EL HERMOSO CLÍTORIS ES UN ÓRGANO

CUYA ÚNICA FUNCIÓN ES DAR PLACEEER Y HARTOS ORGASMOS.

No tiene ninguna utilidad reproductiva, a diferencia del pene, y contiene más de ocho mil terminaciones nerviosas (muchas más que el pene). Está conectado a tu cerebro, lo que aumenta la sensación de bienestar y placer durante las relaciones sexuales. **Estimulándolo de la manera correcta, o sea en la forma que a ti más te guste, puedes experimentar intensos y deliciosos orgasmos.**

PARTE VISIBLE

- LABIOS VAGINALES
- URETRA
- ORIFICIO VAGINAL

PARTE INTERNA

- GLANDE (PARTE VISIBLE DEL CLÍTORIS)
- BRAZOS DEL CLÍTORIS
- * BULBOS VESTIBULARES (TEJIDOS ERÉCTILES)

Se ubica en la parte superior de la vulva, donde empiezan los labios exteriores e interiores, pero ese solo es el glande del clítoris. Detrás de la vulva está su cuerpecitx enterx y abarca todo el perineo (la parte que se extiende por el suelo pélvico, donde se ubican los órganos genitales exteriores y el ano).

FLÁCIDO

AL ESTIMULAR EL CLÍTORIS SE LLENA DE SANGRE, HINCHÁNDOSE Y HACIÉNDOSE MÁS GRANDE, AL MISMO TIEMPO QUE TAMBIÉN SE VUELVE MUCHO MÁS SENSIBLE. PUEDES NOTAR QUE EL GLANDE DE TU CLÍTORIS SE PONE ERECTO CUANDO LO ESTIMULAS.

ERECTO

Y ¿DÓNDE CHINGAOS ESTÁ?

La parte visible de tu clítoris se encuentra dentro de tu vulva: <u>en el área superior de los labios exteriores e interiores está el glande, así que recuéstate y, con tus manitas limpias, puedes ir buscándolo desde tu ombliguito y derechito hacia abajo.</u> El tamaño y la forma del clítoris varían de persona a persona; para algunas llega a ser muy sensible tocarlo directamente, pero si deseas puedes empezar a buscarlo y acariciarlo por encima de tus calzones. **Antes de tocarlo puedes probar estimulando alguna otra zona erógena para que tu clítoris se vaya poniendo erecto y sea más fácil de encontrar.**

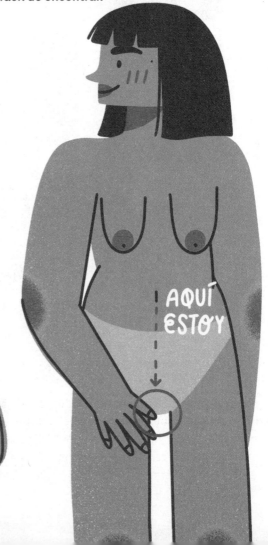

AQUÍ ESTOY

UN POCO DE LA HISTORIA DEL CLÍTORIS

¡Aaah, pobre clítoris! Ha sido menospreciado, olvidado y aún hoy, en algunos lugares del mundo, mutilado.

Es el órgano menos estudiado por la medicina. Perdieron el interés al ver que no poseía ninguna función reproductiva, sino solo dar placer.

PERO BUENO, EL CLÍTORIS TIENE SU HISTORIA:

La primera persona en descubrirlo debe haber sido obviamente una mujer. Sentir curiosidad, manosear y explorar nuestrx cuerpx es algo normal, así que es más que obvio que quien primero le echó ojo y lo manoseó fue alguien con clítoris.

Históricamente se sabe que los griegos le dieron el nombre *kleitorís*, palabra que significa «colina» y «montículo», o incluso «llavero» o «cerradura». *Kleitoriánzein* es el término con el que se designó su estimulación.

En 1559, durante el Renacimiento, el anatomista Mateo Realdo Colombo, junto con Gabriel Falopio (el de las trompas de Falopio), comenzó a prestarle atención. Ambos quisieron adjudicarse el *descubrimiento* del clítoris, pero Caspar Bartholin les recordó que los griegos ya lo habían explorado antes.

En 1905 Sigmund Freud proclamó que el placer clitoriano era propio de una sexualidad inmadura (¡oilo!), y que las mujeres al madurar podrían tener orgasmos vaginales, o sea, solo por la penetración (ay, ajá).

> **ESTO SOLO VINO A DESINFORMAR A TODXS** y a hacernos creer durante mucho tiempo que solo se podía llegar al orgasmo a través de la penetración, cuando no es así. **Masturbarse es una forma sana de conocer y disfrutar nuestrx cuerpx y placer sin necesidad de un pene.**

En 1998 Helen O'Conell se convirtió en la primera mujer en especializarse en urología, la rama médica que se encarga de estudiar padecimientos y tratar enfermedades del sistema urinario en la mujer y el sistema genital y urinario en el hombre. La urología engloba la vejiga, los riñones, la uretra, las estructuras del suelo pélvico, el pene, el escroto y los testículos.

Helen hizo su doctorado sobre el clítoris, pasó alrededor de diez años estudiándolo y descubrió su anatomía completa. Se dio cuenta de que los libros de anatomía con los que aprenden los cirujanos eran inadecuados, erróneos y esotéricos; no exponían su anatomía completa, solo la parte «visible», y ni se hablaba de sus funciones. El libro *Anatomía de Gray*, uno de los textos de cabecera de la medicina moderna, afirmaba que el clítoris es como el pene, solo que más pequeño (NO es así), y no hacía mayor referencia de este órgano.

Han pasado más de veinte años desde su *descubrimiento* y el clítoris sigue siendo un órgano desconocido para muchas personas.

LAMENTABLEMENTE, EN CIERTOS PAÍSES O COMUNIDADES ES ALGO TAN TABÚ QUE MUCHAS MUJERES SUFREN POR ESTA CENSURA.

Por ejemplo, **en algunas regiones de África se lleva a cabo la** MGF (mutilación genital femenina)**, también conocida como corte genital femenino.** Es una práctica que se hace en algunas comunidades como una forma de controlar la sexualidad de la mujer, que se cree es insaciable. Se piensa que realizar el corte asegura la virginidad antes del matrimonio y la fidelidad.

LOS MITOS SOBRE LOS GENITALES FEMENINOS (por ejemplo, que un clítoris no extirpado crecerá hasta alcanzar el tamaño de un pene, o que la MGF aumentará la fertilidad y ayudará a la supervivencia del hijo) perpetúan la práctica. También es vista como parte del rito de iniciación que marca la transición de niña a mujer. En algunas comunidades, los genitales femeninos externos se consideran sucios y se extirpan para promover la higiene y el atractivo estético.

EN ALGUNAS MUTILACIONES GENITALES FEMENINAS SE CORTA EL CLÍTORIS, dejando a niñas y mujeres con los genitales cosidos, generándoles un inmenso dolor, alterando su organismo, provocando incontinencia, dificultad para orinar, retención de orina, conmoción, hemorragia, tétanos, infecciones de orina en la herida o fiebre. **Las hemorragias y las infecciones pueden ser tan graves que llegan a causar la muerte.**

ES UNA VIOLACIÓN A LOS DERECHOS HUMANOS DE LAS NIÑAS Y DE LAS MUJERES, ASÍ COMO DE SU INTEGRIDAD FÍSICA Y PSICOLÓGICA. Y ES RECONOCIDA INTERNACIONALMENTE COMO TAL, PERO TIENE UN TRASFONDO SOCIAL Y CULTURAL COMPLEJO POR SU VINCULACIÓN A RITOS DE TRANSICIÓN A LA EDAD ADULTA.

Es importante mencionar que no se lleva a cabo en todo África ni corresponde a una religión; los orígenes de esta práctica no están claros. Son anteriores al nacimiento del cristianismo y del islam. Muchos pueblos y sociedades diferentes a lo largo de los siglos y en todos los continentes han seguido la práctica de la MGF. Por ejemplo, se dice que algunas momias egipcias presentaban rasgos de MGF.

NO PORQUE ALGUIEN HAYA VIVIDO UNA MUTILACIÓN GENITAL SIGNIFICA QUE ESA PERSONA NO PUEDA SENTIR PLACER NI DESEO.

LA IMPORTANCIA DE MANOSEARTE

LA MASTURBACIÓN ES PARTE IMPORTANTE DE NUESTRA SEXUALIDAD, ES ALGO NORMAL Y SANO QUE TE AYUDA A CONOCER TU CUERPX CHULX.

NO EMBARAZO, NO ITS, PURO PLACER...

CUANDO NOS MANOSEAMOS, LIBERAMOS HORMONAS: endorfina y oxitocina, dos neurotransmisores que incrementan la satisfacción. Es la manera más segura de sentir placer; recuerda que no hay riesgo de embarazo o de contraer alguna ITS.

Aunque existen muchos mitos generados para causar miedo y hacerte creer que la masturbación está mal o te hace mal, la verdad es que manosearte es totalmente seguro. No te quedarás ciega, ni te saldrán pelos en las manos, ni irás al infierno. Todo lo contrario, masturbarte tiene muchos beneficios; a algunas personas les ayuda a relajarse, dormir y aliviar cólicos.

SIEMPRE LAVA TUS MANITAS ANTES Y DESPUÉS DEL MANOSEO.

ADEMÁS, CONOCER QUÉ PARTES DE TU CUERPX SON LAS QUE TE EXCITAN TE AYUDARÁ A GANAR CONFIANZA EN TI. Y SI DECIDES TENER RELACIONES SEXUALES CON ALGUIEN PODRÁS COMPARTIR Y PLATICAR QUÉ TE GUSTA HACER Y QUÉ NO, ADEMÁS DE QUE FACILITA EL PODER HABLAR SOBRE SEXO Y PLACER CON TU(S) PAREJA(S).

AHORA, ¿CÓMO ME MANOSEO?

ES IMPORTANTE ENCONTRAR UN MOMENTO SOLO PARA TI, EN EL QUE NADIE TE MOLESTE.

TAMBIÉN ES IMPORTANTE QUE TE SIENTAS RELAJADA: a veces pensar mucho o querer llegar al orgasmo son cosas que no nos dejan disfrutar ni relajarnos, así que tranquila.

PUEDES INTENTAR CREAR UN AMBIENTE ACOGEDOR PARA TI, HAZ LO QUE TE HAGA SENTIR MÁS CÓMODA.

Antes de ir directamente al clítoris, puedes empezar manoseando tus zonas erógenas, así al tocar tu clítoris estarás más excitada, lubricada y el orgasmo será más rico e intenso.

EL CLÍTORIS ESTÁ CUBIERTO POR UNA PEQUEÑA CAPUCHA, EMPIEZA POR FROTAR POR ENCIMA DE ESTA. A veces tocarlo directamente puede ser doloroso o incómodo para algunas personas; si es tu caso, empieza utilizando una almohada o una toalla enrollada para estimularlo, ya sea por encima del calzón o sin este.

2

ROZA TU CLÍTORIS MOVIENDO TU PELVIS DE ATRÁS HACIA ADELANTE AL RITMO QUE MÁS TE GUSTE. Prueba acostada sobre la almohada o toalla, o sentada de ladito. Empieza lento, ve probando a qué presión y velocidad te gusta más.

LUBRICANTE DE AGUA

3

AHORA, PUEDES USAR DOS, TRES O INCLUSO LOS CINCO DEDOS PARA MASAJEAR POR ENCIMA DE LOS LABIOS VAGINALES, EN CÍRCULOS, DE ARRIBA HACIA ABAJO O CAMPECHANO: tú prueba qué te prende más. Si te sientes excitada y estás lubricada, con un dedo o dos puedes llevar la humedad de tu vagina hacia tu clítoris, o puedes utilizar un poco de lubricante para mejorar la experiencia. Si decides usar lubricante empieza usando uno a base de agua.

137

4

TAMBIÉN PUEDES PROBAR PONER TUS DEDOS EN POSICIÓN DE AMOR Y PAZ, UBICANDO TU CLÍTORIS ENTRE ELLOS, Y ABRIR Y CERRAR POR ENCIMA DE LOS LABIOS HACIENDO UN MOVIMIENTO DE TIJERA PARA ESTIMULARLO. Otro método consiste en que, con la misma posición, hagas movimientos de adelante hacia atrás o de arriba hacia abajo.

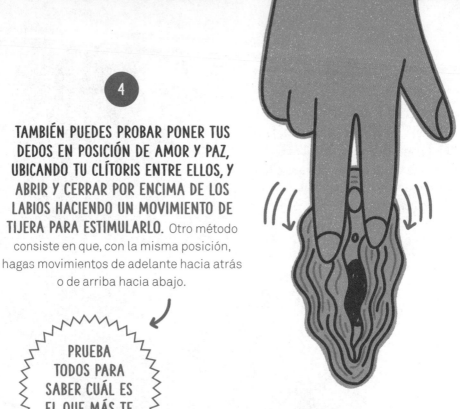

PRUEBA TODOS PARA SABER CUÁL ES EL QUE MÁS TE GUSTA.

5

SI DESEAS ESTIMULAR LA ENTRADA VAGINAL, EMPIEZA INTRODUCIENDO UN DEDO O DOS Y MASAJEA LA PARED VAGINAL FRONTAL EN UN MOVIMIENTO COMO DE «VEN PA'CÁ». Recuerda que debes estar lubricada para que no sea doloroso, hazlo mientras también estimulas el clítoris.

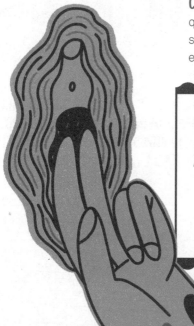

MIENTRAS MANOSEAS TU CLÍTORIS NO OLVIDES ESTIMULAR TUS ZONAS ERÓGENAS. CAMPECHANEA: empieza tocando tu cuello, tus labios, muslos, rozando un poco tu clítoris, tus pezones, y así hasta llegar al orgasmo...

JUGUETES SEXUALES

MASTURBARTE ES UNA PARTE MUY IMPORTANTE DE TU VIDA SEXUAL.

ACOMPAÑARLO CON JUGUETITOS PUEDE HACER **ESTA EXPERIENCIA MUCHO MÁS PLACENTERA Y DIVERTIDA.**

Es importante que encuentres cuál es el mejor para ti.
Debes preguntarte qué zona quieres estimular. ¿Quieres que vibre? ¿Succione? ¿Penetre? ¿Que te arme un campechano? Acá te dejo una explicación de algunos juguetes que te pueden gustar.

PRIMERO ES IMPORTANTE SABER LA DIFERENCIA ENTRE VIBRADOR Y *DILDO*:

EL VIBRADOR usa vibraciones para estimular zonas erógenas, la vulva, el clítoris, la vagina, el culito, etc. Hay de diferentes formas y tamaños, algunos se pueden introducir en la vagina o en el ano.

EL *DILDO* por lo general suele tener forma fálica (que representa el órgano masculino, el pene) u otras formas y tamaños. Pueden estar hechos de silicona, plástico, látex o vidrio resistente a los golpes. Estos se pueden introducir en la vagina, el culito o la boca.

TAMBIÉN ESTÁN LOS JUGUETES ANALES, QUE ESTÁN ESPECÍFICAMENTE DISEÑADOS

PARA ESTIMULAR O INTRODUCIRSE EN EL CULITO.

PARA USAR ESTOS JUGUETES ES MUUUY IMPORTANTE USAR MUUUCHO LUBRICANTE.

También recuerda que es recomendable que los juguetes tengan una base lo suficientemente ancha para que no se queden atorados, es decir, que tengan un tope para que no se vayan dentro de tu culito. Este tipo de juguetes están hechos para permanecer dentro del ano durante el tiempo que gustes: **puedes tenerlos dentro durante el manoseo y la penetración vaginal, experimentando así la doble penetración.** Hay entrenadores que son de varios tamaños, desde formas delgadas hasta más anchas; con estos también puedes entrenar tu culito para experimentar la penetración anal.

ARNÉS INTERCAMBIABLE

ARNÉS DE MUSLO

LAS BOLAS CHINAS, como vimos hace unos capítulos, son objetos redondos que introduces en tu vagina; sirven para hacer ejercicios de Kegel y fortalecer los músculos de tu suelo pélvico. Normalmente son pesadas, por lo que tienes que apretar la vagina para mantenerlas dentro.

EL ARNÉS SEXUAL, es una prenda en forma de calzón, aunque algunos pueden colocarse en el muslo. Estos sostienen una funda para poner un *dildo*, vibrador u otro juguete para penetrar.

SUCCIONADOR DE CLÍTORIS

¡Uuuy! Los succionadores de clítoris son unos juguetitos sexuales que sirven pa eso mero, estimular el clítoris y también tus pezones, si es que eso te gusta.

El succionador consigue que muchas personas lleguen rápido y superrico al orgasmo sin la necesidad de la penetración. Existen varios modelos, pero casi todos giran en torno al mismo diseño.

Hay algunos con motores menos ruidosos, mejores baterías y diferentes colores, y hasta caben en tu bolsa. Aunque se les llame succionador, realmente no succionan el clítoris de forma directa; lo que hacen es transmitir vibraciones u ondas expansivas que aportan a la estimulación. Otros absorben aire a presión sin tocar el clítoris, con el fin de evitar irritaciones y molestias por contacto. Recordemos que se trata de un órgano muy sensible, es por eso que también varían los niveles de vibración.

SE RECOMIENDA USARLO CON UN LUBRICANTE PARA HACER MUCHO MÁS PLACENTERA LA EXPERIENCIA; además, es importante saber dónde se ubica tu clítoris para poner el juguete en el sitio correcto. Gracias a él, muchas personas han experimentado el *squirt* y orgasmos superintensos.

EL SUCCIONADOR VINO PARA CUESTIONAR QUÉ TAN ESENCIAL ES LA PENETRACIÓN dentro del delicioso, dándole más importancia a la estimulación del clítoris.

¡DÓNDE ESTUVISTE TODA MI VIDA!

141

OJO: Es posible transmitir o contraer una ITS si compartes tus juguetes sexuales con otras personas. Si alguien tiene una infección de transmisión sexual, usa un juguete y los fluidos corporales se quedan en él, se puede transmitir la infección.

NEUTRO

LÁVAME

USA CONDÓN PARA EL CULITO

USA OTRO PARA LA VAGINA

LUBRICANTE DE AGUA

✳ **Para evitar esto es importante lavar tus juguetes con agua y jabón neutro** antes y después de usarlos.

✳ **Ponerles un condón antes de que toquen los genitales ayuda a prevenir una ITS.** Cambia de condón al usarlo en otra parte del cuerpx o antes de que toque los genitales de la otra persona.

✳ **Nunca pongas un juguete sexual en tu vagina si ha estado en tu ano** sin antes lavarlo o cambiarle el condón. **Si los gérmenes de tu culito llegan a tu vagina pueden ocasionar vaginitis.**

✳ **No uses lubricantes de silicona con tus juguetes sexuales de silicona,** a menos que les pongas un condón, ya que esta combinación puede ocasionar alguna reacción y dañar el juguete. **Lo más seguro es usar lubricante de agua con cualquier juguete sexual y condón.**

(Encontrarás información sobre el cuidado y la limpieza de los juguetes sexuales en la guía del capítulo 7).

LUBRICANTES

EXISTEN VARIOS TIPOS DE LUBRICANTES para mejorar tu experiencia sexual, tanto a solas como en pareja.

Su aplicación contrarresta la pérdida de humedad natural en tu vagina y evita que el sexo sea doloroso o incómodo. Es una solución para la resequedad vaginal que se produce a veces por causas físicas o psicológicas, un descontrol del pH, tomar anticonceptivos o cuando no se produce mucha lubricación vaginal de manera natural. Algunos están fabricados con sustancias que estimulan los órganos genitales o zonas erógenas una vez que los aplicas.

USAR LUBRICANTE ES PARTE IMPORTANTE DE LAS RELACIONES SEXUALES Y DEL MANOSEO. Con esto se disfruta mucho más e incluso ayuda a evitar que el condón se rompa (la fricción puede ocasionar que eso suceda).

USAR MUCHO LUBRICANTE NO QUIERE DECIR QUE ALGO ESTÉ MAL EN LA RELACIÓN SEXUAL o en qué tan excitadas estamos, al contrario, sirve para aumentar el disfrute.

LUBRICANTES A BASE DE ACEITE

Ofrecen una lubricación prolongada; sin embargo, pueden causar manchas en la ropa o las sábanas. Deterioran el látex, hacen que el condón se rompa fácilmente, así que evita usarlos con preservativos. En algunos casos pueden propiciar la aparición de infecciones, ya que producen un descontrol en la flora vaginal.

¡¡POP! ¡NOOO!

143

¡EL MEJOR PARA DISMINUIR LA RESEQUEDAD VAGINAL!

*

LUBRICANTES A BASE DE AGUA

Son los más recomendados para disminuir la resequedad vaginal. Son fáciles de limpiar, son seguros para usar con preservativos de látex y en periodos prolongados deben reaplicarse, ya que tienden a secarse.

EVITA USARLOS CUANDO HAY CONTACTO CON EL AGUA, PUES SE DILUYEN FÁCILMENTE.

TAMBIÉN HAY CON SABORCITOS PARA HACER MÁS PLACENTERO EL SEXO ORAL.

LUBRICANTES A BASE DE SILICÓN

¡OH CHI!

NO DETERIORA EL LÁTEX

Se recomiendan para tener sexo anal o sexo bajo el agua; algunos tienen sabor y los puedes emplear para el sexo oral; sin embargo, es algo difícil de limpiar. No se recomienda su uso en juguetes sexuales que están fabricados con silicón, ya que con el tiempo descomponen la silicona en el juguete.

ESTOS LUBRICANTES SON MÁS DENSOS Y DURAN MÁS QUE LOS DE AGUA.

LOS LUBRICANTES A BASE DE SILICÓN NO DETERIORAN EL LÁTEX, ASÍ QUE PUEDES USARLOS JUNTO CON EL CONDÓN.

EXISTEN OTROS TIPOS DE LUBRICANTES Y, AUNQUE MUCHOS SON ESTIMULANTES, pueden ocasionar efectos secundarios, por eso es importante siempre leer qué ingredientes contienen. **Aquí hay algunos elementos a considerar:**

TÉRMICOS: son aquellos que dan sensación de calorcito o frío, ideales para utilizar en la piel durante el manoseo.

¡¡¡AAHH!

ESTIMULANTES: algunos contienen mentol, lo que ofrece una mejor lubricación para el clítoris y lo vuelve más sensible al tacto.

¡UUHHH!

GENERAN UNA SENSACIÓN MUY RICA; sin embargo, no se recomiendan para lubricar la vagina, ya que se evaporan rápidamente.

SI LOS USAS, ASEGÚRATE DE PONER SUFICIENTE PARA EVITAR ROZADURAS.

*

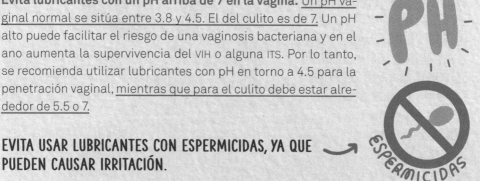

ALGUNAS COSAS QUE DEBES CONSIDERAR AL COMPRAR UN LUBRICANTE:

Evita lubricantes con un pH arriba de 7 en la vagina. Un pH vaginal normal se sitúa entre 3.8 y 4.5. El del culito es de 7. Un pH alto puede facilitar el riesgo de una vaginosis bacteriana y en el ano aumenta la supervivencia del VIH o alguna ITS. Por lo tanto, se recomienda utilizar lubricantes con pH en torno a 4.5 para la penetración vaginal, mientras que para el culito debe estar alrededor de 5.5 o 7.

EVITA USAR LUBRICANTES CON ESPERMICIDAS, YA QUE PUEDEN CAUSAR IRRITACIÓN.

PH

ESPERMICIDAS

USAR LUBRICANTES ES IMPORTANTE; HARÁN MÁS FÁCIL Y SABROSO EL MANOSEO, YA SEA A SOLAS O EN PAREJA, LUBRIQUES MUCHO O POQUITO.

¿CÓMO LLEGAR AL ORGASMO?

PERO PRIMERO, ¿QUÉ ES UN ORGASMO? ¿CÓMO SE SIENTE?

Un orgasmo ocurre cuando llegas a la parte más intensa de la excitación sexual; la tensión alcanza su punto más alto y entonces se libera la presión de tu cuerpx y tus genitales.

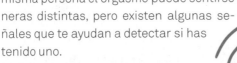 Todas las personas sentimos un orgasmo de maneras diferentes. Incluso en una misma persona el orgasmo puede sentirse de maneras distintas, pero existen algunas señales que te ayudan a detectar si has tenido uno.

EL ORGASMO SE DA CUANDO EXPERIMENTAS MUCHO PLACER EN LA ZONA GENITAL Y EN TODO EL CUERPX; LOS MÚSCULOS DE LA VAGINA Y LOS DEL CULITO SE CONTRAEN ENTRE CINCO Y OCHO VECES POR SEGUNDO, PROVOCANDO UNA SENSACIÓN COMO DE ELECTRICIDAD; TU RITMO CARDIACO Y TU RESPIRACIÓN SE ACELERAN.

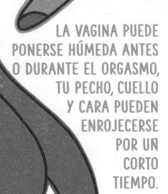

LA VAGINA PUEDE PONERSE HÚMEDA ANTES O DURANTE EL ORGASMO, TU PECHO, CUELLO Y CARA PUEDEN ENROJECERSE POR UN CORTO TIEMPO.

EL ORGASMO HACE QUE SE LIBEREN ENDORFINAS, POR ESO PUEDE QUE AL TENER UNO TE SIENTAS FELIZ, RELAJADA O CON SUEÑITO.

¡AAHHH!

RECUERDA QUE LOS ORGASMOS SIEMPRE SON DIFERENTES: algunos son muy intensos, otros menos intensos y algunos incluso suaves. Varían por muchas razones: qué tan cómoda te sientes, qué tan excitada estás o qué tanta excitación sexual acumulaste antes de llegar a este.

TODXS LXS CUERPXS SON DIFERENTES, NO EXISTE UNA FORMA CORRECTA DE LLEGAR AL ORGASMO.

¿CÓMO PUEDO LLEGAR AL ORGASMO?

«SOLO SE LLEGA AL ORGASMO POR LA PENETRACIÓN». | ¡F–A–L–S–O!

La mayoría de las mujeres necesitan la estimulación del clítoris para llegar al orgasmo.

Por lo general, los orgasmos ocurren con la estimulación del clítoris, aunque algunas personas pueden llegar a él solo estimulando sus pezones. Muchas cosas afectan la capacidad de tener uno, como tus hormonas, sentimientos, emociones, tu estado físico y mental, tomar ciertos medicamentos, consumir alcohol o drogas. Algunas personas pueden tener orgasmos fácilmente y en corto, otras necesitan más tiempo de estimulación. Es posible que puedas llegar al orgasmo con más facilidad en unas ocasiones que en otras; esto depende de cómo lo estés haciendo, cómo te sientes y con quien estés.

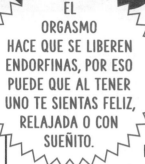

¿ORGASMO?

EL ÓRGANO SEXUAL MÁS IMPORTANTE ES TU CEREBRO, ASÍ QUE TRATA DE ESTAR RELAJADA,

CONCÉNTRATE EN LAS SENSACIONES Y ESTIMULACIONES.

EL ORGASMO ES UNA COMBINACIÓN DE LA ESTIMULACIÓN FÍSICA Y MENTAL.

COMIENZA ACARICIANDO Y MASAJEANDO TUS ZONAS ERÓGENAS PARA EMPEZAR A ACUMULAR TENSIÓN SEXUAL.

Estimula tu clítoris para excitarte, ya sea con tus deditos, almohada, o algún juguete sexual. Todo esto, más manosear tus zonas erógenas (como pellizcar tus pezones), puede llevarte al orgasmo.

Pensar en algo que te cause placer (o recordar algo o a alguien) también puede ayudar a excitarte sexualmente y llegar al orgasmo.

RECUERDA QUE OCURRE EN EL CEREBRO, ASÍ QUE LA VAGINA NO TIENE QUE SER LO ÚNICO EN LO QUE TE CENTRES, TEN PRESENTES TUS ZONAS ERÓGENAS Y POCO A POCO DESCUBRE LO QUE TE GUSTA.

EMOCIONES

SENTIMIENTOS

TIPOS DE ORGASMOS

✳ ORGASMO CLITORIANO

Ocurre a través de la estimulación del clítoris. Recuerda que tiene más de ocho mil terminaciones nerviosas dedicadas exclusivamente al placer, y su estimulación correcta, o sea, como a ti te gusta, te puede llevar al orgasmo.

TIENE MÁS DE OCHO MIL TERMINACIONES NERVIOSAS

✳ ORGASMO VAGINAL

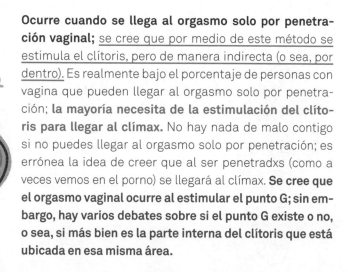

YO NO LUBRICO

LUBRICANTE

Ocurre cuando se llega al orgasmo solo por penetración vaginal; se cree que por medio de este método se estimula el clítoris, pero de manera indirecta (o sea, por dentro). Es realmente bajo el porcentaje de personas con vagina que pueden llegar al orgasmo solo por penetración; **la mayoría necesita de la estimulación del clítoris para llegar al clímax.** No hay nada de malo contigo si no puedes llegar al orgasmo solo por penetración; es errónea la idea de creer que al ser penetradxs (como a veces vemos en el porno) se llegará al clímax. **Se cree que el orgasmo vaginal ocurre al estimular el punto G; sin embargo, hay varios debates sobre si el punto G existe o no, o sea, si más bien es la parte interna del clítoris que está ubicada en esa misma área.**

✳ ORGASMO DE PEZONES

LOS PEZONES TIENEN TERMINACIONES NERVIOSAS QUE PROVOCAN LA CONTRACCIÓN DE LOS MÚSCULOS EN LA VAGINA AL EXCITARSE.

SÍ, EXISTE, ALGUNAS PERSONAS PUEDEN LLEGAR AL ORGASMO ESTIMULANDO LOS PEZONES

La sensación de la estimulación de los pezones viaja a la misma parte del cerebro a la que van las señales cuando estimulas tu clítoris, dándote un orgasmo parecido.

✳ ORGASMO ANAL

Algunas personas pueden llegar al orgasmo a través de la estimulación del culito, porque el ano tiene una gran cantidad de terminaciones nerviosas.

RECUERDA QUE SE DEBE UTILIZAR MUCHO LUBRICANTE para hacer más placentera la experiencia y, claro, condón para cuidarte.

✳ ORGASMO MENTAL

Muchas personas pueden llegar al éxtasis de esta forma. Puedes experimentarlo recordando, pensando en algo que te excite o en alguna fantasía sexual. Tu mente es la que te permite tener un orgasmo, por lo que, si piensas en eso que tanto te excita, tu cerebro puede desencadenar una reacción en el cuerpx que culmine con uno. **Esta es la razón por la cual algunas personas pueden tener orgasmos cuando duermen.**

FANTASÍAS SEXUALES

SQUIRT

CÓMO TENER UN SQUIRT

SQUIRT SIGNIFICA «ECHAR EL CHORRO», Y SE PUEDE CONSEGUIR CON O SIN ORGASMO.

Y no, no es como en el porno, no sale en litros como una fuente. La expulsión de fluidos de la vagina es variable, es un líquido blanquecino o transparente parecido al agua que proviene desde la vejiga, pero es expulsado por las glándulas Skene que están ubicadas alrededor de la uretra (por donde haces pipí).

¡OH, SÍ!!!

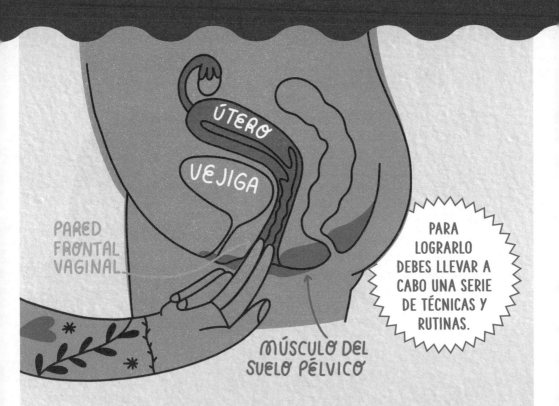

ÚTERO

VEJIGA

PARED FRONTAL VAGINAL

PARA LOGRARLO DEBES LLEVAR A CABO UNA SERIE DE TÉCNICAS Y RUTINAS.

MÚSCULO DEL SUELO PÉLVICO

EN CÍRCULOS

EMPIEZA POR ESTIMULAR LA PARED VAGINAL FRONTAL, LA QUE ESTÁ DEL MISMO LADO DEL CUERPECITX DE TU CLÍTORIS, HACIENDO UN MOVIMIENTO DE «VEN PA'CÁ». MASAJÉALO, PRUEBA DIFERENTES RITMOS Y PRESIÓN.

Puede que al inicio sientas extraño, si no has estimulado antes esta parte, quizá sientas una ligera presión en tu vejiga, no te preocupes, tú continúa.

DE ARRIBA HACIA ABAJO

AL MISMO TIEMPO ESTIMULA TU CLÍTORIS DE LA FORMA QUE A TI MÁS TE EXCITE:

EN CÍRCULOS, DE ARRIBA HACIA ABAJO...

ESTIMULA AL MISMO TIEMPO EL CLÍTORIS

Procura estar excitada cuando estimules esta parte de tu vagina (recuerda que el clítoris se hincha cuando te excitas), así la pared vaginal estará más sensible al tacto. **Puedes empezar primero por un manoseo de tus zonas erógenas, las que más te prenden, y después seguir con la guía.**

Mientras estimulas tu clítoris, con tus deditos aún dentro, puedes ejercitar tus músculos pélvicos, contrayéndolos y soltándolos. Si crees que estás por llegar al orgasmo o experimentas la misma sensación de cuando quieres hacer pipí, retira tus dedos de tu vagina, y sigue contrayendo y estirando tus músculos pélvicos. Sentirás cómo poco a poco baja un flujo líquido; **tranquila, no es pipí, no te contraigas y déjalo fluir.**

Si esto ocurre, habrás logrado un *squirt*; si no lo conseguiste, tranquila, no te frustres, el objetivo del *squirt* es disfrutar. No son carreritas, a nadie le sale a la primera, chula. Esta técnica se debe practicar, las glándulas Skene pueden variar en cada persona, así que sucede igual con la cantidad de flujo.

ALGUNOS JUGUETES SEXUALES PUEDEN AYUDARTE A CONSEGUIRLO DE UNA MANERA MÁS SENCILLA, como el succionador de clítoris o algún vibrador que pueda estimular tu pared vaginal y clítoris al mismo tiempo. Lo más importante es estar excitada, bien lubricada y suuuperrelajada. El *squirt* es solo otra forma de disfrutar tu placer.

153

¿DUDAS?
¿CHISMES?

¿ME PUEDO MASTURBAR SIENDO VIRGEN?

CLARO QUE SÍ, CHULA, TE PUEDES MASTURBAR SIENDO «VIRGEN». PERO, A VER, PRIMERO CUESTIONEMOS:

¿QUÉ ES ESO DE LA VIRGINIDAD?

La virginidad se refiere a la abstinencia sobre participar en el coito, o sea, tener relaciones sexuales. Pero solo implica la primera penetración vaginal, cuando el himen se rompe.

El himen es un tejido delgado que bloquea parcial o totalmente la entrada vaginal, pero ten en cuenta que este puede llegar a romperse en situaciones muuuy ajenas a tener relaciones sexuales por penetración: tener alguna caída, practicar gimnasia, usar copa menstrual o tampones. Y es que el himen varía de persona a persona, tiene diferentes formas y tamaños. Son las influencias sociales y religiosas las que tienen mucha culpa de que términos como este aún existan, haciendo ver el concepto de virginidad como algo cuadrado y descartando toda la diversidad sexual que existe.

ES IMPORTANTE REFORMULAR EL TÉRMINO DE VIRGINIDAD, ya que ni tu cuerpx ni tu persona vale más por ser o no ser «virgen». Lo mejor es evitarlo o simplemente usarlo solo cuando probamos algo nuevo en el ámbito sexual, porque, **¿realmente perdemos algo o solo estamos descubriendo nuevas facetas?**

Ahora bien, la masturbación es algo normal e importante de experimentar. Es bueno saber qué nos gusta sexualmente antes de compartir nuestra sexualidad con alguien más.

Pero si no quieres introducir nada en tu vagina a la hora del manoseo (como tus deditos limpios o algún vibrador o dildo), que sea por decisión propia, y no por un concepto impuesto por una sociedad machista. Disfrútate, chula, estás en todo tu derecho.

ASÍ QUE, A HACER A UN LADO ESTE CONCEPTO DE VIRGINIDAD QUE NO TRAE OTRA COSA SINO CONTROL SOBRE NUESTRO PLACER, y ¡a manosearnos todo! Puedes masturbarte sin tener que introducir nadita en tu vagina, solo estimulando tus zonas erógenas y clítoris.

¿CÓMO SE SIENTE UN ORGASMO?

COMO MENCIONAMOS ANTES, TODXS LLEGAMOS A SENTIR LOS ORGASMOS DE MANERAS DIFERENTES E INCLUSO VARÍAN EN UNA MISMA PERSONA;

¡OH, SÍ!!!

ALGUNOS DURAN SEGUNDOS O SE EXTIENDEN HASTA UN MINUTO, Y ESTO DEPENDE DEL TIPO DE ESTIMULACIÓN O DE QUÉ TANTA TENSIÓN SEXUAL ACUMULASTE.

Existen ciertas señales que nos pueden indicar que lo estamos teniendo, como electricidad en la zona genital y todo tu cuerpitx, acompañado de espasmos musculares en el interior de la vagina y el culito. Algunas personas los experimentan también en las piernas, a través de un cosquilleo ascendente; se te puede enchinar la piel, endurecer los pezones; tal vez sientas un calor intenso o te humedezcas mucho después de tener el orgasmo; te puede dar un ataque de risa, quizá llores, o te relajes tanto que te quedes dormidita.

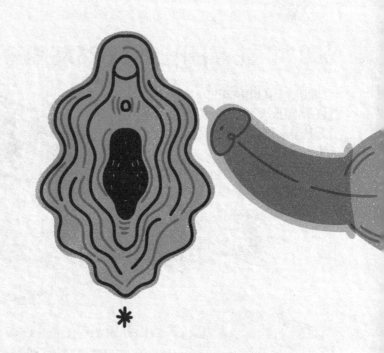

*

TODO SOBRE EL DELICIO SO

TENER RELACIONES SEXUALES ES ALGO MUY RICO E ÍNTIMO. <u>Es algo que debemos hacer por gusto y placer, nadie puede obligarnos a hacer algo que no queremos,</u> **sea nuestra pareja, amor de la vida o marido,** por eso es importante que siempre haya consentimiento sexual.

CONSENTIMIENTO SEXUAL

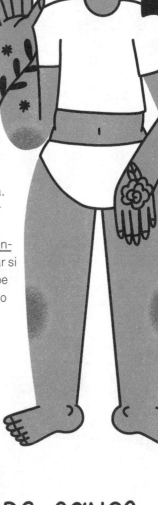

¡NO!

Primero, ¿qué es el consentimiento?

Es la aprobación que damos para alguna acción. Aceptar, acceder a hacer algo, por voluntad propia, sin presiones y sintiéndote segura de tu decisión. <u>Decir «no», «no lo sé» o quedarse en silencio</u> **NO son sinónimos de consentimiento.**

¿Qué es el consentimiento sexual?

Significa estar plenamente de acuerdo con realizar un acto sexual con alguna otra persona. Le indica a la otra persona que deseamos tener relaciones sexuales con ella.

<u>Es bien importante ser honestas con nuestro sentir.</u> Sobre lo que deseas hacer y lo que no, expresar si te sientes incómoda y decirlo sin pena. Nadie debe juzgarte por ello, jamás, sin importar quién sea, no importa si es tu novio, esposo, pareja, etcétera.

CONSENTIR Y PEDIR CONSENTIMIENTO NOS SIRVE PARA ESTABLECER NUESTROS LÍMITES Y LOS DE NUESTRA PAREJA.

ERES LIBRE DE PONER TUS PROPIOS LÍMITES

PARA QUE UN ENCUENTRO SEA CONSENSUADO AMBAS PERSONAS DEBEN ESTAR DE ACUERDO EN MANTENER RELACIONES SEXUALES. TODAS Y CADA UNA DE ELLAS.

SIN CONSENTIMIENTO CUALQUIER ACTIVIDAD ES AGRESIÓN SEXUAL O VIOLACIÓN

SIN PRESIÓN

¡ÁNDALE, DI QUE SÍ!

¡NO!

¡ANDA!

¡QUE NOOO!

> **RECUERDA:** Consentir es una decisión que tomas sin presión, sin manipulación o sin la influencia de drogas o alcohol. No es algo que se deba dar por sentado por tu forma de vestir, tu comportamiento, o a dónde vayas. **NO es NO.**

SIN INFLUENCIA DEL ALCOHOL O DROGAS

Puedes cambiar de parecer sobre lo que deseas hacer en cualquier momento; incluso si en otra ocasión dijiste que sí, eso no significa que siempre vayas a querer. Tú tienes la última palabra sobre tu cuerpx, tienes derecho a decir «basta» en cualquier momento y tu pareja, o la persona con la que estés compartiendo, debe respetarlo siempre.

NO ES NO

¡YA TE DIJE QUE NOO!

LA IMPORTANCIA DE LA EDUCACIÓN SEXUAL

¡EDUCACIÓN PARA DECIDIR!

160

Desde muy pequeñas recibimos información confusa y contradictoria sobre las relaciones y el sexo, por lo que muchas nos quedamos con dudas e información incorrecta. Es importante que desde una edad muy temprana recibamos educación sexual integral con el objetivo de proveer mecanismos de defensa y autoprotección, no solo para evitar o detectar abusos, sino como herramienta para construir relaciones íntimas basadas en el respeto.

LA EDUCACIÓN AFECTIVA SEXUAL ES UN DERECHO, ASÍ COMO LA LIBERTAD SEXUAL, LA PRIVACIDAD, LA EQUIDAD Y LA CONVIVENCIA SIN DISCRIMINACIONES. TODAS, TODOS Y TODES TENEMOS DERECHO A UNA EDUCACIÓN SEXUAL DE CALIDAD Y HONESTA DESDE PEQUEÑXS.

Una buena educación sexual nos ayudará también a saber sobre los procesos de transformación de nuestro cuerpx. Por ejemplo, cuándo llega el periodo por primera vez, los cambios que vienen con él y la posibilidad de decidir sobre nuestras opciones de uso para la menstruación con información clara sobre cada uno.

TAMBIÉN IMPLICA PREPARARNOS PARA TENER UNA VIDA SEXUAL INFORMADA, RESPONSABLE Y SATISFACTORIA, Y SOBRE LOS CUIDADOS Y PRECAUCIONES DE LA REPRODUCTIVIDAD

¡ASÍ NO SUCEDEN LAS COSAS!

CÓMO PONER UN CONDÓN

¡YO TRAIGO CONDÓN!

Tengas o no pene, debes saber cómo poner un condón y llevar tus propios preservativos contigo. Es importante valorar nuestra salud sexual y no dejarla en manos de alguien más.

X NO

✓ SÍ

A CONTINUACIÓN TE DEJO UNA GUÍA DE CÓMO PONER UN CONDÓN; TE RECOMIENDO PRACTICAR PRIMERO:

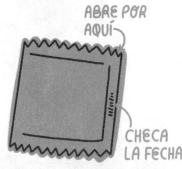

ABRE POR AQUÍ

CHECA LA FECHA

* **Antes de todo, revisa la fecha de caducidad.** Los condones suelen durar mucho tiempo, pero siempre es bueno asegurarnos.

* **A la hora de abrir el condón, hazlo desde la esquina en donde puedas ver unos dientecitos, o piquitos.** No uses tus dientes, uñas filosas o tijeras, ya que podrían perforarlo.

DEBEN PONERLO CUANDO ESTÉ ERECTO

✳ **El pene debe estar erecto antes de ponerlo.** Checa que esté por el lado correcto, es decir, el borde debe estar hacia afuera, de manera que parezca un gorrito y se desenrolle con facilidad. <u>Puedes desenrollarlo un poquito antes de ponerlo para saber que el lado correcto esté hacia afuera.</u> Si por accidente lo colocas al revés, no lo reutilices, usa uno nuevecito.

✳ **Toma el condón por la punta y colócalo en la cabeza del pene; siempre deja un poco de espacio para que caiga el semen.**

LUBRICANTE DE AGUA

PUEDES PONERLE UN POCO DE LUBRICANTE

✳ **Desenrolla el condón a lo largo del pene hasta llegar a la base.** Si gustan pueden poner un par de gotitas de lubricante de agua o silicón en el condón antes de ponerlo. Recuerda que estos lubricantes no deterioran el condón. De todas formas, una vez que el condón esté puesto, puedes usar más lubricante de agua o silicón por fuera. Esto hará más placentera la penetración para ambos.

DEJA UN POCO DE ESPACIO

✳ **Hagan el delicioso, manoséense, dense bechitos, disfruten.**

✳ **Después de que tu pareja eyacule, deben sostener la base del condón y retirar el pene de tu vagina.** Háganlo <u>antes de que tu pareja pierda la erección</u> para que el condón no se afloje ni deje salir un poco de semen.

✳ **Chequen que no tenga fugas:** Retírenlo con cuidado, dejen un poquito de aire en la parte superior o coloquen un poco de agua, y hagan un nudo en la parte superior (la abierta). Con los dedos empujen el aire hacia la punta para comprobar que nada se salga. **Después tírenlo a la basura.**

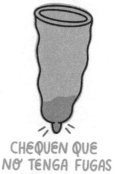
CHEQUEN QUE NO TENGA FUGAS

LOS CONDONES NO SON REUTILIZABLES, USA UN NUEVO CONDÓN CADA VEZ QUE TENGAS SEXO VAGINAL, ORAL O ANAL. TAMBIÉN DEBES UTILIZAR UN NUEVO CONDÓN SI CAMBIAS DE UN SEXO A OTRO, COMO DE SEXO VAGINAL A ANAL. SIEMPRE CÁMBIALO.

COMUNICACIÓN Y PLACER

Es bien importante compartir tus gustos, disgustos, nuevos intereses, hablar sobre sexo en general y platicar en tu relación de pareja. Hablar abiertamente los ayudará a aprender sobre cómo darse más placer.

Es normal ponerse nerviosa, pero tranquila, respira. Intenten generar un espacio de confianza para expresarse.

PRIMERITO, ANTES DE PLATICAR CON TU PAREJA,
PIENSA EN TUS PROPIOS DESEOS Y NECESIDADES:

¿QUÉ TE GUSTA?

¿QUIERES PROBAR ALGO NUEVO?

¿QUÉ TE GUSTARÍA QUE TU PAREJA HICIERA DURANTE EL MANOSEO O EL DELICIOSO?

¿HAY ALGO QUE TU PAREJA ESTÉ HACIENDO QUE A TI NO TE GUSTE?

¿TE SIENTES SATISFECHA?

Siempre es bueno tener esta conversación porque, además, puede que tu pareja también quiera compartir algo contigo. **Toda relación sexual requiere una comunicación constante.** Traten de ser abiertos al hablar y no ponerse a la defensiva.

Escojan un momento y lugar, sin presión. Cuando platiquen, que sea lento, amable, positivo y respetuoso. Si deseas que tu pareja cambie algo o si está haciendo algo que no te gusta, recuerda tratar de ser lo más sensible posible, esto debe ser mutuo. Comiencen dándose tranquilidad y platíquense también qué es lo que les gusta del otro.

ALGUNAS COSAS QUE TAL VEZ PUEDAN HABLAR:

✳ Placer: ¿qué les excita?

✳ Salud sexual: ¿cómo tener sexo seguro? ¿ITS? ¿Anticonceptivos?

✳ ¿Qué no les gusta o les incomoda?

✳ Algo nuevo para experimentar

HABLAR DE SEXO PUEDE LLEGAR A SER UN TEMA MUY DELICADO, pero tener una comunicación abierta y respetuosa es otra manera de intimar que les hará conocerse mejor y disfrutarse aún más.

¿QUÉ TE EXCITA?

NO TENGAN UNA SOLA CONVERSACIÓN SOBRE SEXO, TENGAN COMUNICACIÓN CONSTANTE. PERMÍTANSE HABLAR SOBRE SEXO DE UNA MANERA MÁS ABIERTA. VERÁS QUE SE VUELVE ALGO HABITUAL, QUE MEJORARÁ SU RELACIÓN EN PAREJA Y TAMBIÉN MEJORARÁ SUS RELACIONES SEXUALES. PLATÍQUENSE CON AMOR.

DOLOR DURANTE EL SEXO

Tener dolor durante el sexo puede ocurrir por diferentes razones, desde problemas estructurales hasta preocupaciones psicológicas. Muchas mujeres y personas con vulva pueden llegar a sentir dolor en algún momento de su vida al tener relaciones sexuales, y eso no significa que haya algo malo contigo, pero tampoco es algo a lo que debas acostumbrarte: el chiste es que disfrutes tu vida sexual. Aun así, presta atención a las razones detrás del dolor.

Se le llama *dispareunia* al dolor genital persistente o recurrente que ocurre antes, durante o después tener relaciones sexuales. **Si este es tu caso, es importante que acudas con un especialista para encontrar la causa y tener el tratamiento más adecuado que te ayude a eliminar o disminuir ese dolor.**

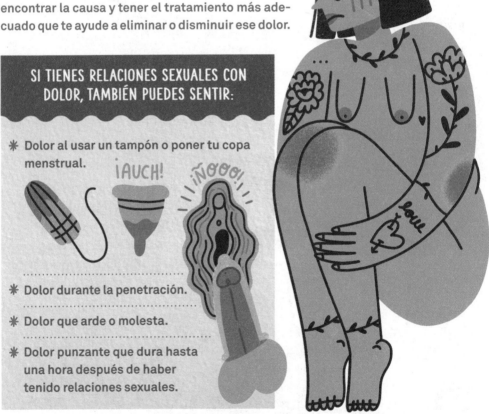

SI TIENES RELACIONES SEXUALES CON DOLOR, TAMBIÉN PUEDES SENTIR:

* Dolor al usar un tampón o poner tu copa menstrual.

¡AUCH!

¡ÑOOO!

* Dolor durante la penetración.

* Dolor que arde o molesta.

* Dolor punzante que dura hasta una hora después de haber tenido relaciones sexuales.

¡ME DUELE!

Las causas del dolor durante el sexo varían. Puede ocurrir durante la penetración inicial, o cuando la penetración es más profunda, toma en cuenta que también influyen los factores emocionales.

FALTA DE LUBRICACIÓN

El dolor por penetración puede estar relacionado con la falta de lubricación.

Tener una inflamación, infección en el área genital, o en las vías urinarias, provoca inflamación en la zona y puede causarte dolor durante el sexo.

¿Y EL VAGINISMO?

El vaginismo ocurre por espasmos involuntarios de los músculos de las paredes de la vagina. Estas contracciones hacen que la vagina sea muy estrecha y evitan tanto la penetración como los exámenes médicos o incluso poner un tampón o la copa menstrual.

Tener vaginismo NO significa que no puedas excitarte o tener orgasmos, recuerda que la estimulación del clítoris te puede ayudar a tenerlos y a seguir disfrutando.

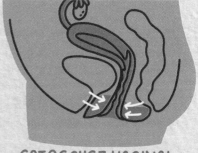

ESTRECHEZ VAGINAL

Debes visitar a un profesional para llevar a cabo el tratamiento indicado. Este consistirá en una combinación de terapia física, asesoría y ejercicios de contracción y relajación de los músculos del piso pélvico. **También hay ejercicios de dilatación, o bien, se puede hacer uso de dilatadores.** Un dilatador vaginal es un dispositivo que tiene la forma de un tubo y que se utiliza para estirar la vagina. Vienen en kits de varios tamaños, desde pequeñitos, como el tamaño de un dedo, hasta más grandes. Ayudarán a que la vagina no se estreche demasiado y a mantener su elasticidad. Todo esto debe hacerse bajo la dirección de un/una sexólogx o especialista.

Los factores emocionales están íntimamente conectados con la actividad sexual. La ansiedad, la depresión y tener miedo a la intimidad pueden contribuir a un bajo nivel del placer, provocando incomodidad o dolor.

Si te sientes estresada, esto puede hacer que los músculos del piso pélvico se tensen, haciendo la penetración dolorosa. Algunas personas pueden llegar a sentir dolor si sufrieron un abuso sexual en el pasado.

Cuídate mucho y presta atención a tu cuerpx. **Si sientes algún dolor es importante acudir con tu doctor. No lo dejes pasar.**

PEDITOS VAGINALES (¡PRRT!)

No, no hay que pedir perdón ni sentirse apenada. Soltar un pedito vaginal es algo normal que puede pasar en algún momento de tu vida y hay varias razones de ello.

¿POR QUÉ PASA?

Sucede cuando entra aire en la vagina. Recuerda que la vagina está conformada por muchos músculos que la mantienen «cerrada»; estos, al ser estimulados sexualmente o mediante la penetración, se abren y esto permite la entrada de aire. **Cuando los músculos se vuelven a contraer al cerrarse, el aire es expulsado y emite un sonido de pedito, pero NO tiene olor ni nada por el estilo.**

Puede ocurrir cuando el miembro de tu pareja es de un tamaño considerado «pequeño», ya que entre cada penetración va entrando aire, aunque también podría pasar con uno «grande» o cuando hay muchos bombeos. **También sucede cuando hace falta ejercitar el suelo pélvico.**

> Puedes trabajar la musculatura de tu suelo pélvico a través de ejercicios Kegel o usando bolas chinas (revisa la guía del capítulo 1).

EL DELICIOSO

¡HUY, SÍ!

LA COMUNICACIÓN ES LO MÁS IMPORTANTE.
Antes de tener relaciones sexuales con alguien, ambas personas deben platicar de cómo van a cuidarse. Usar condón es, hasta ahora, la manera más segura de mantener relaciones sexuales y evitar un embarazo no planificado o contraer alguna ITS. También es importante hablar sobre lo que más les gusta y lo que no para disfrutar más y tener un delicioso satisfactorio.

¡MANOSÉEN!

El manoseo o «juego previo» es algo muy importante. El sexo NO gira en torno a la penetración, así que pueden manosearse durante todo el delicioso y no dejarlo solo como un «juego previo». El objetivo de esto es que te sientas excitada y te mojes para que tener relaciones sexuales sea mucho más rico.

Recuerda hacer pipí después de tener sexo, esto favorece la eliminación de bacterias con las que hayas podido estar en contacto durante el delicioso. También lava tu zona genital o cualquier área que haya estado en contacto con órganos sexuales. Mantener tu higiene personal es importante.

URETRA

SEXO ORAL: VULVAS

¡AQUÍ ESTÁ MI CLÍTORIS, LÁMELO!

GUÍA A TU PAREJA HACIA ÉL Y EXPRESA TUS DESEOS.

EL CLÍTORIS ES EL CENTRO DEL PLACER, BÚSCALO,

LAMER Y DAR BECHITOS A LA VULVA, ¡UF!

*

SI NO SABES SOBRE LA SALUD SEXUAL DE TU PAREJA DEBES USAR UNA BARRERA BUCAL PARA EVITAR ALGUNA INFECCIÓN.

¿CÓMO HACER UNA BARRERA BUCAL?

Puedes usar un condón para hacer una. Con tus manos limpias saca cuidadosamente el condón del empaque. Corta la punta y la base con unas tijeras y luego haz otro corte a lo largo. Debes sostenerlo con tus manos para mantenerlo sobre la vulva y el ano; también puedes usar lubricante de sabor para mejorar la experiencia.

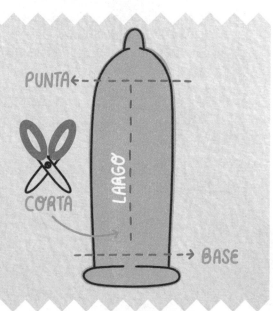

PUNTA

CORTA

LARGO

BASE

CÓMO DAR/RECIBIR SEXO ORAL EN LA VULVA

Pueden empezar lamiendo la vulva de arriba hacia abajo, en círculos o de un lado hacia el otro. Descubran cuál es el movimiento que más les agrada, tanto quien da como quien recibe. Prueben presión y qué tan rápido lo prefieren. El clítoris es una parte muy sensible y no a todas nos gusta de la misma manera.

No solo se trata de lamer el clítoris; tu pareja o tú pueden manosear sus zonas erógenas. Acaricien su cuerpx mientras lamen, usen algún vibrador para penetrar la vagina, o lo que más les excite.

Con la lengua, pueden ir haciendo el abecedario, en mayúsculas o minúsculas. Prueben todito.

Con los dedos pueden estimular el clítoris o la entrada vaginal. Para estimular la vagina debes estar lubricada; recuerden que deben tener las manos limpias y, de preferencia, las uñas cortas para evitar molestias.

¡OH, SÍ!

PARA QUE LOS DOS LO DISFRUTEN, ESCOJAN LA POSICIÓN MÁS CÓMODA PARA AMBOS. He aquí algunas posturas que recomiendo:

* **En cuatro.** Esto permite que tu pareja lama tu culito y con sus manos pueda estimular tu clítoris y vagina, o tú puedes estimular tu clítoris en lo que él/ella lame tu vagina y tu culito.

* **El 69.** Esta es para que, si ambos están de acuerdo, los dos reciban sexo oral al mismo tiempo y disfruten de lamerse, estimularse y manosearse.

A, B, C, D, E...
a, b, c, d, e...

*

ÍNDICE MEDIO

¡VEN PA'CÁ!

ESTÍMULA EL CLÍTORIS O LA VAGINA

* **Acostada, tumbada boca arriba sobre la cama** dejando tus pompis y piernas al borde para que tu pareja pueda hincarse frente a ti, lamerte y estimularte. Esto también les permitirá concentrarse en sus zonas erógenas, como los pezones y el clítoris, mientras lamen los labios vaginales o la vagina.

¡USA ALGÚN VIBRADOR!

* **Sentarte en su cara.** Literalmente lleva tu vulva hermosa a su boca. Con esta posición tú tienes el control: puedes mover tus caderas al ritmo que prefieras mientras tu pareja lame tu vulva y tu clítoris.

DISFRUTA Y EXPLORA QUÉ ES LO QUE MÁS TE GUSTA.

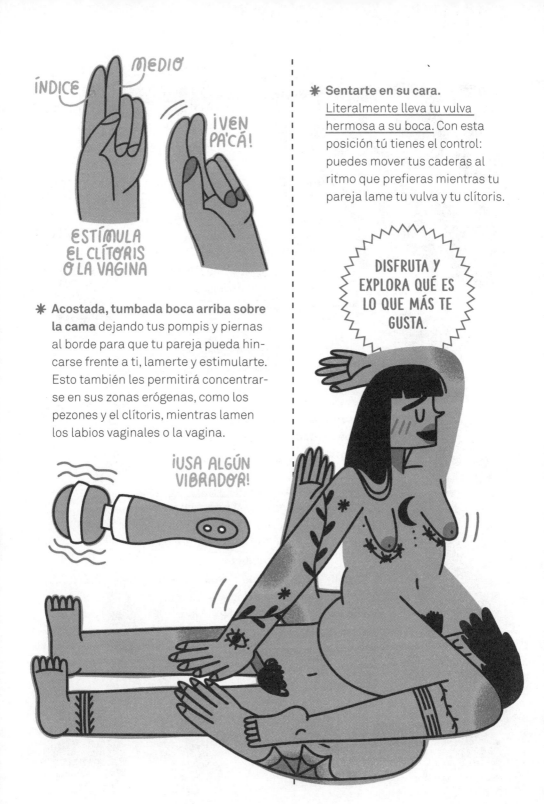

SEXO ORAL: PENES

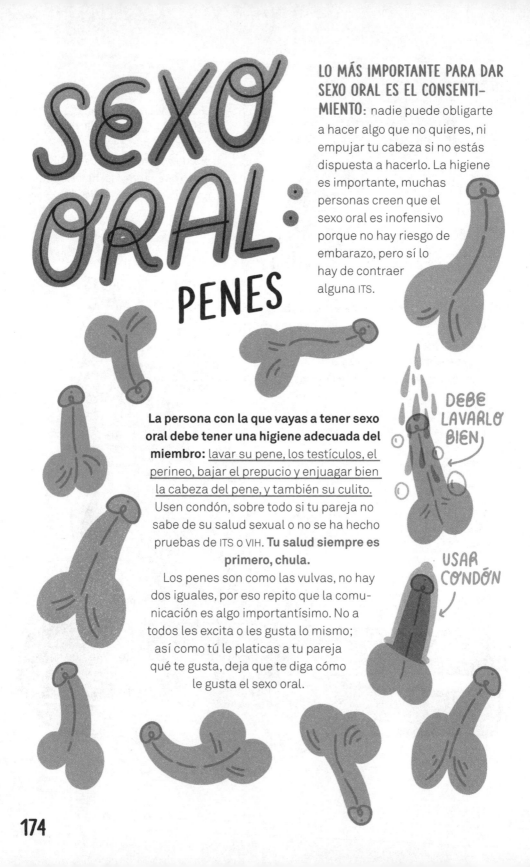

LO MÁS IMPORTANTE PARA DAR SEXO ORAL ES EL CONSENTIMIENTO: nadie puede obligarte a hacer algo que no quieres, ni empujar tu cabeza si no estás dispuesta a hacerlo. La higiene es importante, muchas personas creen que el sexo oral es inofensivo porque no hay riesgo de embarazo, pero sí lo hay de contraer alguna ITS.

La persona con la que vayas a tener sexo oral debe tener una higiene adecuada del miembro: lavar su pene, los testículos, el perineo, bajar el prepucio y enjuagar bien la cabeza del pene, y también su culito. Usen condón, sobre todo si tu pareja no sabe de su salud sexual o no se ha hecho pruebas de ITS o VIH. **Tu salud siempre es primero, chula.**

Los penes son como las vulvas, no hay dos iguales, por eso repito que la comunicación es algo importantísimo. No a todos les excita o les gusta lo mismo; así como tú le platicas a tu pareja qué te gusta, deja que te diga cómo le gusta el sexo oral.

DEBE LAVARLO BIEN

USAR CONDÓN

PARA EMPEZAR, NO ES NECESARIO QUE LO METAS TODO EN TU BOCA PROVOCÁNDOTE ARCADAS. NO ES COMO EN EL PORNO, TÚ TAMBIÉN DEBES DISFRUTARLO, ASÍ QUE BUSQUEN UNA POSICIÓN EN LA QUE TÚ ESTÉS CÓMODA Y TAMBIÉN PUEDAS MANOSEARTE.

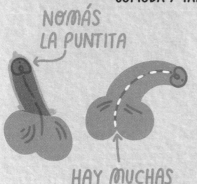

NOMÁS LA PUNTITA

HAY MUCHAS TERMINACIONES NERVIOSAS EN LA ARTICULACIÓN DE ENMEDIO

LAMER LOS TESTÍCULOS DE ARRIBA HACIA ABAJO O SUCCIONARLOS DESPACIO, TAMBIÉN SON SENSIBLES.

¡RESPIRA!

EMPEZAR LAMIENDO A LO LARGO DEL PENE, BESAR O INCLUSO MORDER UN POCO EL INTERIOR DE SUS MUSLOS.

Por la parte de en medio del escroto hay una articulación que tiene muchas terminaciones nerviosas; presiona o jala un poco hacia abajo, con cuidado, ya que es una zona muy sensible.

TOMA PAUSAS PARA TOCARTE Y RESPIRAR.

Puedes rozar el glande del pene contra tus pezones, puede ser muy excitante para ambos.

Si el pene está flácido, intenta masajear con tus pulgares de la base hacia el glande para estimular el flujo sanguíneo; verás cómo se va poniendo erecto.

Exploren a qué ritmo les gusta más, elige uno en el que inhales por la nariz y te tomes respiros. Pueden usar lubricantes de sabor para mejorar la experiencia.

Puedes ir lento o un poco rápido si gustas, lo que te haga sentir cómoda.

LAME A LO LARGO

SEXO ANAL

CONOCE TU CULITO ♥

Tener sexo anal puede llegar a dar miedo porque se asocia solo a la penetración y, por lo tanto, al dolor. Sin embargo, la penetración anal es solo una de las cosas que podemos hacer para disfrutar.

POPÓS

RECTO

ESFÍNTER ANAL

CULITO

LA MUSCULATURA DEL ESFÍNTER ES SUPERFUERTE, Y SI NO LA EJERCITAS Y APRENDES CÓMO RELAJARLA, SE MANTENDRÁ TENSA Y SERÁS MÁS PROPENSA AL DOLOR.

Para iniciarte en el placer anal, puedes empezar a solas. Por ejemplo, cuando te bañes, acaricia tu culito con los dedos; no tiene que ser algo sexual, solo conócelo y juega un poco con él. Poco a poco puedes intentar abrirlo con un par de dedos, hazlo lento y delicadamente; utiliza un lubricante de silicón, ya que estos resisten el agua. Abre unos segundos y suelta.

Si te gusta también puedes empezar a utilizar juguetes sexuales para el ano. Los *plugs* te ayudarán a disfrutar más y vienen en varios tamaños y grosores. Comienza con uno pequeño.

SI TE LLEGA A GUSTAR MUCHO Y QUIERES PASAR A LA PENETRACIÓN CON TU PAREJA, ES IMPORTANTE QUE ESTÉS MUY EXCITADA Y SUPERLUBRICADA.

Recuerda que el culito NO lubrica, así que utilizar lubricante es de mucha importancia; el mejor es de silicón, ya que no se evapora tan rápido.

SIEMPRE USA CONDÓN, QUE NO PUEDAS QUEDAR EMBARAZADA AL TENER SEXO ANAL NO SIGNIFICA QUE NO HAYA RIESGOS, PORQUE SÍ LOS HAY.

Tener sexo anal sin protección vuelve más probable la transmisión de VIH, gonorrea, sífilis, herpes, VPH (verrugas genitales) y hepatitis B.

USA MUCHO LUBRICANTE: EL CULITO NO LUBRICA

La limpieza también es algo esencial; recuerda que por donde hacemos popó es justamente el ano, así que es normal que en algún momento salga un poco. Intenta siempre lavar antes tu culito y procura no haber comido nada antes, o haber hecho popó previo al sexo anal. Puedes utilizar duchas anales o enemas para limpiar el recto; estas consisten en un aparato que sirve para introducir líquido por el ano con el fin de vaciar el contenido intestinal; así, después de introducir el líquido, este sale junto con los desechos (popó). El uso excesivo de enemas o duchas anales puede producir lesiones en la mucosa del recto, y generar un ambiente propicio para la transmisión de alguna ITS, así que no lo hagas seguido. Si decides usar un enema, no lo introduzcas muy profundamente, la zona del ano y recto son muy sensibles.

VE CON CUIDADO Y POCO A POCO: EL SEXO ANAL ES PARA DISFRUTARLO, Y NO SOLO TU PAREJA, TÚ PRINCIPALMENTE CUIDA, CONOCE Y AMA TU CULITO.

DISFUNCIONES SEXUALES FEMENINAS

Muchas mujeres y personas con vulva pueden experimentar problemas con la función sexual en algún momento, mientras que otras los padecen toda la vida. **Los problemas recurrentes o persistentes con la respuesta sexual, complicaciones con los orgasmos o el dolor pueden generar angustia, aflicción o tensión cuando son constantes; a esto se le conoce como disfunción sexual.**

La respuesta sexual que tenemos implica una interacción fisiológica, emocional, de experiencias, creencias, estilos de vida y relaciones. Todo esto afecta al deseo, la excitación o la satisfacción sexual.

NO PUEDO LLEGAR AL ORGASMO

LOS SÍNTOMAS PUEDEN VARIAR DEPENDIENDO DEL TIPO DE DISFUNCIÓN SEXUAL QUE SE EXPERIMENTE. AQUÍ HAY ALGUNOS:

✳ **La falta de interés o disposición sexual (deseo):** el más común.

✳ **Trastorno orgásmico:** tener dificultades continuas o recurrentes para llegar al orgasmo luego de suficiente o continua excitación sexual.

✳ Dolor sexual que se produce con la estimulación o contacto vaginal.

SI LOS PROBLEMAS SEXUALES AFECTAN TU SEXUALIDAD O TU RELACIÓN EN PAREJA, ES IMPORTANTE ACUDIR CON UN ESPECIALISTA PARA HACERTE UNA EVALUACIÓN.

MITOS PENDEJOS SOBRE EL SEXO

Algo que no aporta nada a la educación sexual y solo causa confusiones son los mitos sobre el sexo y la masturbación, sobre todo durante la adolescencia. Estos mitos solo perjudican nuestro desarrollo sexual y cómo disfrutamos.

ALGUNOS MITOS QUE AÚN PERSISTEN SOBRE EL SEXO SON:

SOLO HAY ORGASMO POR PENETRACIÓN. FALSO

Está comprobado que eso no existe, se necesita mucho más que solo el repetitivo mete y saque para llegar al orgasmo. **Se necesita la estimulación del clítoris, tu mente y manosear tus zonas erógenas para llegar al clímax.**

¡QUÉ MENTIRA!

¿MANO PELUDA?

LA MASTURBACIÓN ES MALA, PUEDE CAUSAR DISFUNCIÓN SEXUAL EN LAS MUJERES.

PARA NADA

La masturbación no nos hará nada malo; al contrario, nos ayuda a conocernos, saber qué nos gusta y qué no.

¿QUÉ?

DAME AMOR

NO PUEDES QUEDAR EMBARAZADA EN TU *PRIMERA VEZ*.

PFF, CLARO QUE SÍ

¡cómo DE QUE NO!

Quedar embarazada no depende de cuántas veces hayas tenido sexo. Si practicas sexo sin protección durante tus días de ovulación, ¡pop!, quedas embarazada. La primera vez no te hace inmune a nada.

- -

SI NO EYACULA DENTRO, NO PUEDES QUEDAR EMBARAZADA.

FUCK, CLARO QUE SÍ SE PUEDE

¡VOY PA' JUERA!

¡AJA!

LÍQUIDO PRESEMINAL

El líquido preseminal o preeyaculatorio es una secreción que expulsa el pene durante la excitación o antes de eyacular y no contiene espermatozoides siempre y cuando exista, por lo menos, dos días de abstinencia eyaculatoria. Es posible que queden algunos de la última vez que eyaculó y si no ha orinado algunos espermas llegarán a salir en el líquido preseminal. **Toma en cuenta que solo se necesita un esperma para quedar embarazada.**

- -

LOS HOMBRES QUIEREN MÁS SEXO QUE LAS MUJERES.

CLARO QUE NO

¡JA JA JA!

Todos somos diferentes, al igual que nuestro deseo sexual, no te sientas mal por disfrutar hacer mucho el delicioso y tampoco si no quieres hacerlo tanto.

¿MUCHO PARA QUIÉN? ¿POCO PARA QUIÉN? TÚ DISFRÚTATE SIN PENA.

EXCUSAS PARA NO USAR CONDÓN

Algunas personas, en su mayoría las que tienen pene, ponen muchas excusas para no usar preservativo.

¡ÚSENME!

RECUERDA QUE NO DEBES DEJAR EN MANOS DE NADIE TU SALUD SEXUAL, SIEMPRE LLEVA CONDONES CONTIGO, EXISTA O NO LA POSIBILIDAD DE TENER SEXO.

ALGUNAS EXCUSAS QUE USAN ESTAS PERSONAS SON:

LOS CONDONES PASAN POR PRUEBAS

ME APRIETA (AY, AJÁ).

SIENTO MENOS.

SOY ALÉRGICO (YA EXISTEN CONDONES DE OTROS MATERIALES).

ME HACE PERDER LA ERECCIÓN.

¡MENTIRA!

NO HACE FALTA, SOLO TENGO RELACIONES SEXUALES CONTIGO.

NO TRAIGO CONDONES (TÚ TRAE LOS TUYOS).

¡ACÁ YO TRAIGO!

SEXTING

¡UY, EL *SEXTING*! CONSISTE EN EL INTERCAMBIO DE MENSAJES SEXUALES, ERÓTICOS, PLATICAR FANTASÍAS O ENVIAR FOTOS CACHONDAS POR CELULAR.

ES UNA PRÁCTICA QUE CUANDO SE HACE CON CONSENTIMIENTO SE PUEDE LLEGAR A DISFRUTAR MUCHO.

Si decides practicar el *sexting* hazlo de manera segura; debe ser entre personas adultas, mayores de edad, y sobre todo una práctica consentida.

HAY QUE TOMAR ALGUNAS MEDIDAS DE PROTECCIÓN PARA EVITAR UN DISGUSTO EN EL FUTURO.

* Evita que tu carita chula salga en la foto o video.

* Evita que aparezcan cosas con las que se te puedan reconocer, como un tatuaje, anillos o aretes muy distintivos o un fondo fácilmente identificable y con el que se te pueda asociar.

CONSENTIMIENTO

No todo es fotos y videos, pueden textear, fomentar su imaginación, platicar sus fantasías, qué se quieren hacer, qué les gustaría que les hicieran y más. También pueden hacerse llamadas sexuales, platicar, gemir, masturbarse vía telefónica, jugar, divertirse y conocerse.

ACTUALMENTE EXISTE LA LEY OLIMPIA, una ley de acceso libre a una vida sin violencia, cuyo fin es sancionar la violencia digital, la difusión de contenido sexual y el hostigamiento en internet y redes sociales.

Esta ley define la violencia digital como una donde las mujeres por lo general son las más vulnerables. Incluye hostigamiento, acoso, amenazas, insultos y exponer información privada, además de difusión de contenido sexual sin consentimiento, ya sean fotos, videos o capturas de texto en torno a cualquier medio digital, redes sociales, correo o apps; es decir, cualquier tipo de difusión de material privado sexual en internet.

Es una nueva ley que busca castigar a quien viole la privacidad sexual de las personas. Ya era hora. Surgió lamentablemente por la difusión sin consentimiento del contenido de una mujer del estado de Puebla. Sin embargo, ¡no se quedó callada! Ella impulsó la iniciativa para reformar el código penal para castigar tales conductas. La acción se ha aplicado ya en 17 entidades federativas.

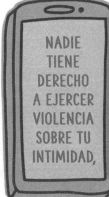

NADIE TIENE DERECHO A EJERCER VIOLENCIA SOBRE TU INTIMIDAD,

TAMPOCO A COMPARTIR CONTENIDO TUYO SIN TU CONSENTIMIENTO NI HACERTE SENTIR MAL. NUNCA TE DEJES ACOSAR U HOSTIGAR POR NADIE, SEA TU PAREJA, AMIGO O QUIEN SEA.

¿RELACIÓN SERIA O CASUAL?

CUANDO INICIAMOS UNA RELACIÓN CON ALGUIEN ES IMPORTANTE PLATICAR CUÁLES SON LOS DESEOS DE AMBOS: los suyos y los tuyos. Por eso, antes de arrancar una relación, ya sea seria o casual, es importante que primero te preguntes:

¿QUÉ ES LO QUE QUIERO?, ¿QUÉ NECESITO EN ESTE MOMENTO?, ¿QUIERO EMPEZAR ALGO EXCLUSIVO?, ¿UNA RELACIÓN DE PAREJA?, ¿ESTAR SOLTERA Y SOLO DISFRUTAR?

Tener claro lo que tú quieres es un muy buen punto de partida. A veces es difícil interpretar lo que la otra persona desea, pero ser honestxs es esencial, y ambos deben tratar de serlo lo más posible. Puede ser difícil e incluso incómodo, pero esto les evitará conflictos, malentendidos e incluso tristezas en el futuro.

No tienen que ser siempre las mismas, todxs somos diferentes y lo que buscamos en una relación no siempre es igual, pero platicar sobre límites, deseos y lo que cada unx busca en la pareja es importante. Esto aplica para cualquier tipo de relación, ya sea monógama, abierta o poliamorosa.

EN LAS RELACIONES SERIAS O EXCLUSIVAS DEBE HABER COMPROMISO, Y ES NECESARIO ESTABLECER CIERTAS REGLAS MUTUAS.

¿UMM?

* POR OTRO LADO, LAS RELACIONES CASUALES TAL VEZ NO SON TAN «SERIAS», PERO IGUAL DEBEN ESTABLECERSE REGLAS.

ES NECESARIO SER HONESTXS SI NO BUSCAN NADA SERIO, si solo desean pasarla bien y tener sexo, y poner límites en los que ambxs se sentirán comodxs.

SEA «SERIA» O NO, TODAS LAS RELACIONES TIENEN QUE SER SANAS.

SÉ HONESTX CONTIGO Y CON LO QUE QUIERES

PORNO VS. SEXO REAL

EL PORNO HA SIDO LA PEOR EDUCACIÓN SEXUAL QUE MUCHXS HAN RECIBIDO.

CREER QUE SOLO CON LA PENETRACIÓN LA MUJER SE PUEDE VENIR Y GRITAR INCONTROLABLEMENTE DE PLACER ES, EN SU MAYORÍA, FALSO.

EL PORNO NOS HA CREADO FALSAS EXPECTATIVAS, TANTO A PERSONAS CON VULVA COMO CON PENE.

XXX ¡FALSO!

NO CONFUNDAMOS LAS COSAS: las personas que salen en la mayoría de los videos porno son actores, practican con anticipación y graban las escenas varias veces. Que puedan hacer malabares con sus cuerpxs en el sofá o en la regadera no es algo de principiantes o que todo el mundo haga, y puede estar bastante alejado de la realidad. **En el porno no solemos ver cosas que nos pasan comúnmente en el sexo real, como tener pedos vaginales, ponerse nerviosos y perder la erección, llorar, reír o quedarnos dormiditxs...**

El sexo es mucho mejor cuando hay comunicación, si se siente bien y con confianza, no cuando intentan imitar posiciones que pueden romperte un hueso. **No es necesario gritar para hacerle saber a tu pareja que algo te gusta, eso también es una mala educación del porno.**
Si algo te está gustando es bueno disfrutarlo, si algo no te gusta es importante decírselo a tu pareja y no solo gemir y gritar por complacer.

SI QUIEREN INTENTAR UN JUEGO DE ROLES O CUMPLIR ALGUNA FANTASÍA, PLATIQUEN Y PRUEBEN POCO A POCO. A los actores de porno no todo les sale a la primera, ensayan y tienen que repetir tomas.

ASÍ QUE, SI QUIERES PROBAR ALGO, ¡ADELANTE! SOLO PLATÍQUENLO. LA COMUNICACIÓN, LA CONFIANZA, EL JUEGO PREVIO Y EL MANOSEO CONSTANTE SON ESENCIALES PARA TENER BUEN SEXO, INDEPENDIENTEMENTE DE LA POSICIÓN O DEL JUEGO QUE ELIJAN.

¿QUÉ ES EL PORNO FEMINISTA?

El porno es una industria que ha sido liderada por hombres durante muchos años. Ha creado ideas y expectativas falsas que han distorsionado la realidad de cómo disfrutamos el sexo.

Sin embargo, como una alternativa más reciente ha surgido **el porno feminista,** que no, no se enfoca solo en sexo entre mujeres, simplemente presenta el sexo como es en realidad: **se empieza con la excitación mutua y se busca que el placer sea algo equitativo, no solo que las personas con pene lo disfruten.**

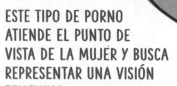

ESTE TIPO DE PORNO ATIENDE EL PUNTO DE VISTA DE LA MUJER Y BUSCA REPRESENTAR UNA VISIÓN FEMENINA: las mujeres no solo juegan un papel para el deseo del hombre, ellas también necesitan satisfacer su apetito sexual.

El porno feminista también pretende ayudar a la educación sexual, ya que quienes ven porno creen que el sexo así funciona, salen y lo practican con sus parejas repitiendo patrones de una industria sesgada y machista.

Actualmente existen varias personas empezando a generar este tipo de contenido, entre ellas está **Erika Lust, quien muestra toda la pasión, amor, intimidad y lujuria en el sexo desde el punto de vista femenino, mostrando que las mujeres no somos un objeto sexual, sino que también disfrutamos al pleno nuestra sexualidad.**

¿EL TAMAÑO IMPORTA?

Otra lección que dejó la mala educación del porno:

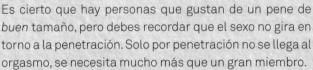

UN PENE ENORME ES IGUAL A MAYOR PLACER.

NO, NO ES ASÍ.

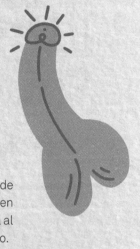

Es cierto que hay personas que gustan de un pene de *buen* tamaño, pero debes recordar que el sexo no gira en torno a la penetración. Solo por penetración no se llega al orgasmo, se necesita mucho más que un gran miembro.

Pero el problema va más lejos: el mito del tamaño daña la seguridad de personas con pene «grande» y «pequeño»: cuando las personas con pene comparan el tamaño de sus miembros, suele haber menosprecio para los «pequeños», quienes temen que nunca podrán satisfacer a sus parejas «como se debe» por falta de tamaño. Para los «grandes» hay problema por igual: creen que por tenerlo de este tamaño harán disfrutar más a su pareja, pero de pronto descubren que no necesariamente es así, hay más técnica de por medio. A todos, por igual, perjudica este mito, una huella más de la *educación de la pornografía*.

Lo importante para muchas es el trato, el manoseo, el juego previo. Un pene muy grande puede llegar incluso a lastimar, pero todo depende de cada unx y de sus gustos. Considera que no necesitas un pene grande para tener más placer u orgasmos.

VAYA, NO NECESITAMOS UN PENE PARA SENTIR PLACER, PERO BIEN PODEMOS DISFRUTARLOS. :P

NALGADAS, HABLAR SUCIO, MORDER

¡HUY CHÍ!

✱ ¿NALGADAS?

¿Te gustan las nalgadas? ¿Darlas? ¿Recibirlas? Durante el manoseo y el sexo se liberan hormonas como serotonina, adrenalina y oxitocinas que al interactuar junto a la dopamina incrementan el placer. **Por eso pequeñas dosis de dolor pueden llegar a ser muy excitantes, como recibir nalgaditas.**

Si deseas experimentar nalgadas durante el delicioso **es importante tomar en cuenta primero el consentimiento.** Recuerda que la comunicación es crucial.

También debes saber dar una nalgada para evitar malestar o golpes poco consistentes. Se recomienda tener los dedos juntos, y usar poca fuerza para producir un golpe con mejor sonoridad.

> A ALGUNXS LES CAUSA MAYOR EXCITACIÓN EL SONIDO QUE EL GOLPE.

DEBE SER EN LA PARTE CENTRAL DE LA NALGA. Si tú vas a recibir la nalgada, tu pareja puede empezar por acariciar tu trasero para primero ubicar su mano en la zona.

A veces cuando solo se suelta la nalgada pueden llegar a pegarte sin querer en la cintura, haciéndolo doloroso.

LA INTENSIDAD CON LA QUE SE DÉ LA NALGADA DEBE SER ACORDE AL NIVEL DE EXCITACIÓN. TAMBIÉN PUEDEN BESAR O MORDER SUS POMPITAS. PLATIQUEN PARA VER QUÉ LES GUSTA MÁS Y SI QUIEREN PROBAR.

✳ ¿HABLAR SUCIO?

Decirse cosas sucias durante el delicioso puede llegar a excitar a algunas personas; pero no, no se trata de maltratar verbalmente a tu pareja, sino de decir cosas que la prendan o te prendan. Pueden ser malas palabras o platicar fantasías de qué se van a hacer. Hablarse sucio permite también poner un ritmo al sexo, decir qué te está gustando, o qué es lo que tú o tu pareja quieren hacerse más. Decir o escuchar malas palabras o palabras eróticas estimula la transmisión de dopamina, una sustancia que ayuda a impulsar la excitación durante el delicioso.

ME GUSTA TU CULO

PONME EN 4 Y CÓGEME

MUÉRDEME LAS TETAS

ES IMPORTANTE GENERAR UN AMBIENTE DE CONFIANZA, PLATICAR ANTES DE HACERLO, decir con qué se sienten bien, qué es lo que desean oír y qué cosas quedan fuera de la conversación y del delicioso.

✳ ¿MORDIDAS?

Algunas personas disfrutan de las mordidas durante el manoseo y el delicioso; si deseas practicarlo es importante platicar con tu pareja y no solo soltarlas a diestra y siniestra. **No a todos les gusta, y si les gusta, no es siempre con la misma intensidad.**
  Morder a tu pareja y que te muerdan puede ser muy placentero. Prueben poco a poco, en intensidades tolerables según su respectivo umbral de dolor. También pueden experimentar en qué partes del cuerpx quieren ser mordidxs.

Las mordidas pueden aumentar el nivel de excitación; deben ser un poco rápidas, nunca sostengan la mordida mucho tiempo en un mismo lugar porque se pueden lastimar.

¡ÑOM!

MUERDAN LAS PARTES QUE SUELEN BESAR: cuello, labios, orejas, hombros, pezones, pompis... Recorran su cuerpx, vayan poco a poco y empiecen mordiendo despacio.

CONSEJOS PARA LA PRIMERA VEZ

Si tienes este libro porque es tu primera vez, tengo todos los tips, amix.

✳ **De entrada, es importante que antes de tener relaciones sexuales con alguien sepas qué te gusta.** Masturbarse antes de iniciar a tener sexo es superimportante; así sabrás cuáles son tus partes erógenas y dónde está ubicado tu clítoris. Esto te ayudará a compartir con tu pareja qué te gusta y qué no.

MASTÚRBATE

✳ **Es importante platicar cómo se van a cuidar:** si se han hecho pruebas de ITS, o si usarán condón con un lubricante de agua para evitar que se rompa.

USA CONDÓN

✳ **Debes hacerlo porque realmente quieres, no por presión o insistencia de tu pareja.**

USA LUBRICANTE DE AGUA O SILICONA

✳ **La primera vez es normal estar nerviosa, y esto puede hacer que sea un poco difícil excitarse.** Por eso es bueno hacerlo con alguien que te guste y genere confianza. No dolerá si estás excitada y lubricada. Trata de estar relajada y de disfrutar tu placer y la experiencia. Es la primera vez, no te apresures a tener un orgasmo, no siempre sale a la primera; concéntrate en el manoseo y en disfrutarlo.

LUBRI CANTE DE AGUA

¿POR QUÉ NO LLEGO AL ORGASMO SOLO CON PENETRACIÓN?

Como mencioné antes, no se puede llegar simplemente al orgasmo por la penetración, se necesita estimulación del clítoris para lograrlo, y también la estimulación de zonas erógenas. Es poco probable que se llegue al orgasmo únicamente con la penetración.

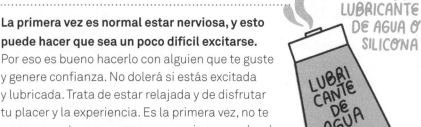

POSICIONES SEXUALES

SEXO EN PAREJA

¡ME ABURRO!

Debemos dejar de pensar que hacer el delicioso está centrado solo en la penetración porque no es así. Hacer **el delicioso** es más que eso; es manosear, sentir, disfrutar desde besitos, lamidas, morditas, nalgaditas, hasta tocar esas partes de nuestro cuerpx que nos ponen la piel chinita.

✳ EN CUATRO

Tu pareja se pone detrás de ti para penetrar (con pene, dedos o dildo, según sea el caso), mientras tú estimulas tu clítoris con tus manitas o algún vibrador o succionador de clítoris. En algunas ocasiones los testículos llegan a dar golpecitos al clítoris y puedes sentir pequeñitos toques de electricidad; también te deja las manos libres para estimular tus pezones si recargas tu cara sobre una almohada.

ACÁ COMPARTO ALGUNAS POSICIONES QUE TE AYUDARÁN A ESTIMULAR TUS ZONAS ERÓGENAS Y EL CLÍTORIS PARA DISFRUTAR MÁS Y TENER RICOS ORGASMOS.

✳ LA VAQUERA

En esta posición tú tienes el control del movimiento. Te colocas encima, de tal modo que puedas mover tus caderas lentamente y en círculos para frotar tu clítoris contra la pelvis de tu pareja. Si te inclinas hacia adelante un poco puedes estimularlx de mejor manera; mientras tanto, tu pareja puede darte bechitos en la boca, cuello, hombros, bubis, pezones y tocar tus piernas o nalguitas. Para la vaquera también puedes practicar el movimiento de tus caderas con una almohada y rozar tu clítoris hasta llegar al orgasmo.

✳ DE CUCHARITA

Tu pareja y tú estarán acostadxs de ladito, unx detrás de otrx. En esta posición tú o tu pareja pueden estimular tu clítoris, tal vez ayudarse de un vibrador o succionador. Tendrán mucha oportunidad de estimular tus pezones y acariciar tu cuerpx.

✳ LA CUCHARITA INVERTIDA

Tú y tu pareja estarán de frente, acostadxs; pueden darse besitos mientras te penetra y también podrás rozar tu clítoris contra su pelvis. Esto puede hacerte llegar al orgasmo.

ES IMPORTANTE DARTE TU TIEMPO CON TU PAREJA PARA DESCUBRIR QUÉ ES LO QUE MÁS LES GUSTA, QUÉ TE GUSTA MÁS A TI Y DISFRUTAR TU CUERPX CHULX Y TODOS TUS ORGASMOS.

¿DUDAS? ¿CHISMES?

¿CÓMO TENER SEXO BAJO EL AGUA?

Hacer el delicioso en la alberca, en la regadera u otro sitio similar puede ser muy rico, pero no es como lo pintan. Llega a ser muy resbaladizo y propiciar accidentes, así que deben practicarlo con mucho cuidado y encontrar las mejores posiciones para ambos.

Y nop, el sexo bajo el agua no reduce las posibilidades de un embarazo o ITS, así que siempre usen condón. Toma en cuenta que el cloro o la temperatura del agua pueden afectar la durabilidad o incluso la efectividad del preservativo. El agua no reemplaza al lubricante; de hecho, llega a producir resequedad, así que si decides hacerlo **necesitarás un lubricante a base de silicona para evitar irritación.**

ALGUNAS POSICIONES QUE PUEDES IMPLEMENTAR SON:

✳ **En la alberca, pueden aprovechar el flotar para probar la posición del misionero de frente, o de espaldas, pero flotando.** Traten de tener dónde apoyarse para no resbalar.

✳ **Si tienes tina,** puedes sentarte encima de tu pareja o colocarte en cuatro.

✳ **En la regadera** puede hacerlo ambxs de pie, de frente, con tu pareja cargándote o tú de espaldas a ella.

✳ **No se recomienda mucho en el mar,** porque con la arena y el agua salada puedes contraer alguna infección.

EN GENERAL, EL SEXO BAJO EL AGUA PUEDE LLEGAR A SER ALGO COMPLICADO Y DIFÍCIL DE EJECUTAR; PERO, COMO EN TODO, LA PRÁCTICA HACE AL MAESTRO.

AMOR EN ARCO ÍRIS

DIVERSIDAD SEXUAL

La diversidad sexual o de género hace referencia a todas las posibilidades que tienen las personas de asumir, expresar y vivir su sexualidad, así como de asumir expresiones, preferencias u orientaciones, identidades sexuales y de género que son distintas en cada cultura e individuo. **Es el reconocimiento de que todos lxs cuerpxs, todas las sensaciones y todos los deseos tienen derecho a existir y manifestarse libremente.** Dentro de la diversidad sexual cabe toda la humanidad, nadie ejerce su sexualidad de la misma manera, ni como los demás.

AHORA, DIFERENCIEMOS:

LA IDENTIDAD DE GÉNERO ES LA VIVENCIA INTERNA E INDIVIDUAL DEL GÉNERO, TAL COMO CADA PERSONA LA SIENTE, Y PUEDE CORRESPONDER O NO AL SEXO CON EL QUE SE NACE.	LA ORIENTACIÓN SEXUAL SE REFIERE A LAS ATRACCIONES EMOCIONALES, ROMÁNTICAS Y/O SEXUALES.

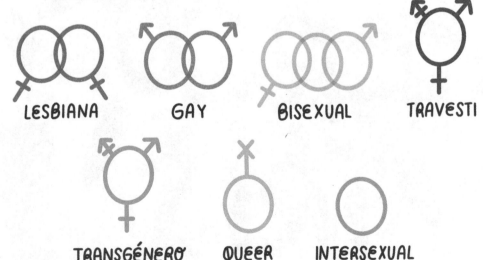

LESBIANA   GAY   BISEXUAL   TRAVESTI

TRANSGÉNERO   QUEER   INTERSEXUAL

¿SOY BISEXUAL?

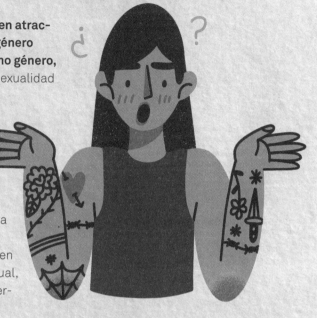

Las personas bisexuales sienten atracción erótica y afectiva por un género diferente al suyo y por su mismo género, aunque no todas definen su bisexualidad de la misma manera.

Hay quienes creen que la bisexualidad es solo una transición por la que las personas pasan antes de la homosexualidad, pero no es así. Sí, es cierto que la orientación sexual de cualquiera puede cambiar a lo largo de su vida, pero estas decisiones deben ser tomadas de manera individual, libremente y sin la presión de terceros.

SI SIENTES ATRACCIÓN POR ALGUIEN DE TU MISMO GÉNERO Y EL SENTIMIENTO ES MUTUO, SIÉNTETE LIBRE DE VIVIR LA EXPERIENCIA AL MÁXIMO.

NO TENGAS VERGÜENZA DE QUERER COMPARTIR TU SEXUALIDAD.

CÓMO CUIDARSE DURANTE EL SEXO

LUBRI CANTE DE AGÜITA

ABRE POR AQUÍ

99%

Hasta ahora la forma más segura de tener sexo es usando condón, ya sea vaginal, anal u oral. Para dar/recibir sexo oral en la vulva y/o ano es importante utilizar una barrera bucal que prevenga el contagio de alguna ITS o VIH.

EL CONDÓN TIENE 99% DE EFICACIA PARA PREVENIR UN EMBARAZO NO PLANIFICADO SIEMPRE Y CUANDO SE UTILICE CORRECTAMENTE, ES DECIR, QUE LO PONGAN DE LA MANERA CORRECTA, UTILICEN EL LUBRICANTE CORRECTO Y LO ABRAN DE FORMA ADECUADA.

SILI CON

(Puedes checar todo esto en la guía del capítulo 6).

Tengas o no pene, es importante que siempre
lleves preservativos contigo, aunque exista
o no la probabilidad de hacer el delicioso.
**De igual manera, es muy importante saber
poner un condón adecuadamente; todo es
para cuidar tu salud sexual, bebé.**

SOY BARATO♥

Tener sexo oral es muy rico, y si se
hace de la manera correcta, o sea,
como a ti te gusta, puedes llegar
al orgasmo fácilmente. **Para tener
sexo oral es importante usar
condón,** sobre todo si tu pareja y
tú no saben sobre su salud sexual.
**Si es oral a un pene, puedes
utilizar condones de saborcitos,** o
lubricantes de sabor, créeme que
mejorará mucho la experiencia.

NADIE PUEDE
OBLIGARTE NI
FORZARTE A HACERLO,
SIEMPRE HAZLO PORQUE
REALMENTE QUIERES
EXPERIMENTARLO,
ESTO HARÁ QUE LO
DISFRUTES MÁS.

HAZLO POR
PLACER,
NO POR
COMPLACER

Si vas a dar o recibir sexo oral en la vulva y no
sabes sobre tu salud sexual ni la de tu pareja,
siempre debes usar una barrera bucal

**(en el capítulo 6 podrás
encontrar cómo hacer una).**

CÓMO COMPARTIR JUGUETES SEXUALES

DISFRUTAR DE TU SEXUALIDAD CON TU PAREJA

ACOMPAÑADX DE JUGUETES PUEDE SER UNA EXPERIENCIA DELICIOSA.

USARLOS PERMITE EXPERIMENTAR NUEVAS SENSACIONES Y CONOCER MÁS SOBRE SU PLACER.

LIMPIEZA DE JUGUETES SEXUALES

NEUTRO

LÁTEX

NEUTRO

ESTO DEPENDE DEL MATERIAL CON EL QUE ESTÉN ELABORADOS.

La mayoría pueden lavarse con agua y jabón neutro sin perfumes ni otros químicos; ayuda a mantener un pH de 5.5, similar al de la piel.

PUEDES ESTERILIZAR LOS JUGUETES DE SILICONA EN AGUA HIRVIENDO, SIEMPRE Y CUANDO NO DISPONGAN DE COMPARTIMENTOS INTERNOS PARA PILAS, YA QUE PODRÍAN ESTROPEARSE. Si son de látex y gelatina no los hiervas, solo aplica agua y jabón neutro.

SILICONA

SE RECOMIENDA LAVAR LOS DE CRISTAL Y ACABADO METÁLICO CON AGUA TIBIA Y JABÓN NEUTRO; también puedes esterilizarlos unos segundos en agua hirviendo.

VIDRIO

SI LIMPIAS EL JUGUETE ANTES DE USARLO AYUDAS A ELIMINAR TODAS LAS BACTERIAS QUE SE HAYAN PODIDO DEPOSITAR EN ÉL DURANTE EL TIEMPO QUE NO LO USASTE. De la misma manera, límpialo después de haberlo usado para eliminar restos de bacterias.

SI TU JUGUETE ES NUEVO, ASEGÚRATE DE LAVARLO; QUE SEA NUEVO NO SIGNIFICA QUE ESTÉ LISTO PARA SU USO.

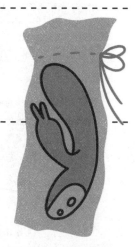

SI TU JUGUETE TRAE BOLSITA, GUÁRDALO AHÍ SIEMPRE. Si no, hazte de un lugar donde puedas depositarlo y cuyas condiciones higiénicas sean óptimas.

LÁVAME

SI TIENES VARIOS, UTILIZA UNA BOLSITA PARA CADA UNO, DE MODO QUE NO ENTREN EN CONTACTO UNOS CON OTROS. Deben estar limpios y secos antes de guardarlos, déjalos en un lugar fresco, lejos del calor y la exposición solar.

ES DIVERTIDO COMPARTIR JUGUETES SEXUALES, VIBRADORES, SUCCIONADORES Y DEMÁS, SIEMPRE QUE NO SE INTERCAMBIEN FLUIDOS PARA EVITAR CONTRAER UNA ITS O VIH.

¡OH, SÍ!

ACÁ ALGUNOS CONSEJOS QUE DEBES CONSIDERAR A LA HORA DE COMPARTIR JUGUETES CON TUS PAREJAS:

* **Utiliza un condón para cada juguete sexual.**

* **Si usas un mismo juguete para ir de vía anal a vaginal, cambia de condón por uno nuevo.** De no hacerlo existe el riesgo de transmitir bacterias de restos de materia fecal y provocar una infección.

* **Usa lubricantes, de preferencia que sean a base de agua, ya que los de silicona o aceite dañan los juguetes de silicona, los vuelven porosos y los descomponen.** Además, los lubricantes de aceite rompen los preservativos.

PONME CONDÓN

¡LUBRICANTE DE AGUA!

¡USA LUBRICANTE, BEBÉ!

LOS JUGUETES DEBEN CUIDARSE Y GUARDARSE DE FORMA ADECUADA, ASÍ ALARGAS SU VIDA ÚTIL Y TAMBIÉN TE MANTENDRÁS SALUDABLE. SI NUNCA LOS DESINFECTAS Y ESTERILIZAS CORRES EL RIESGO DE CONTRAER UNA INFECCIÓN, HONGOS O INCLUSO ALGUNA ITS.

RECUERDA, BEBÉ: LO MÁS IMPORTANTE ES ESCUCHARTE A TI, A TUS INSTINTOS. SE VALE EXPERIMENTAR, CON CONSCIENCIA Y CONSENTIMIENTO. MANTÉN UNA COMUNICACIÓN CONSTANTE CON TU PAREJA. CUÍDATE MUCHO. **DISFRÚTATE MUCHO.**

DESPEDIDA

ESPERO QUE EN ESTAS PÁGINAS HAYAS
APRENDIDO UN POCO MÁS DE TI, DE TU CUERPX
Y DE LAS POSIBILIDADES QUE TIENE. TAMBIÉN QUE
HAYAS RECONSIDERADO CÓMO MUCHAS DE LAS
IDEAS QUE TENEMOS SOBRE NUESTRA SEXUALIDAD
NO SON SINO ESO: IDEAS. Y QUE SI TE TRATAS
CON RESPETO Y CUIDADO NO HAY PREGUNTAS
INCORRECTAS O INCÓMODAS.

Ojalá este libro sea un abrazo y pueda responder
tus dudas, que en él encuentres aquello que tal
vez nunca te contaron o explicaron en la escuela,
en tu casa o en la sociedad. Deseo que te sientas
bien y cómodx contigo mismx, y que si conoces a
alguien que se sienta incómodx o avergonzadx por su
sexualidad, logremos hacer una comunidad donde
todxs podamos compartir nuestras dudas y saberes.

GRACIAS POR FORMAR PARTE DE ESTE CAMINO,
¡QUE EL PLACER NUNCA NOS FALTE!

Abrazo,

PAULYNA ARDILLA

REFERENCIAS

* «CÁNCER DE MAMA», *SALUD EN LÍNEA*, IMSS:
  imss.gob.mx/salud-en-linea/cancer-mama

* *CENSIDA* (CENTRO NACIONAL PARA LA PREVENCIÓN Y EL CONTROL DEL VIH Y EL SIDA), SECRETARÍA DE SALUD: www.gob.mx/censida

* *ILE* (INTERRUPCIÓN LEGAL DEL EMBARAZO), SECRETARÍA DE SALUD:
  ile.salud.cdmx.gob.mx (Secretaría de Salud local de CDMX).

* «INFECCIONES DE TRANSMISIÓN SEXUAL (ITS)», *CENSIDA*, SECRETARÍA DE SALUD: gob.mx/censida/es/articulos/infeciones-de-transmision-sexual-its-76848?idiom=es

* *LUST ZINE*: erikalust.com

* *PLANNED PARENTHOOD*: plannedparenthood.org/es

* «PRESERVATIVO O CONDÓN MASCULINO», *SALUD EN LÍNEA*, IMSS:
  imss.gob.mx/salud-en-linea/planificacion-familiar/preservativo

* *SEX POSITIVE EDUCATION*: ungirl.org